بسم الله الرحمن الرحيم

Mein Koran Lexikon

ditibverlag

Türkisch-Islamische Union der Anstalt für Religion e.V.
Diyanet İşleri Türk İslam Birliği

DITIB-ZSU GmbH
Subbelrather Str. 17, 50823 Köln
Telefon + 49 (0) 221 99 222 66 20
redaktion@ditib-verlag.de

Mein Koran-Lexikon
Originaltitel: Çocuklar için Kur'an Terimleri Sözlüğü
Erschienen bei DIB (Präsidium für Religiöse Angelegenheiten der Republik Türkei) Publikationen
Ankara, 2011
Text in Türkisch: Selcen Yüksel Arvas
Illustration: Cem Bilge
Design Grafik: Hilal Şimşek Karadoğan

Projektleitung der deutschsprachigen Ausgabe: Sami Alphan
Übersetzung aus dem Türkischen: Şeyma Horasan Gür
Lektorat: Dr. Heiner Lohmann, Mehmet Çevik
Satz: Kemal Çapacı

1. Auflage, Köln 2019
ISBN: 978-3-946689-48-5

Mein
Koran-Lexikon

ditibverlag

VORWORT

Das Vorwort ist ein Text, der sich am Anfang eines Buches befindet und der das Thema und das Ziel dieses Buches erläutert. Zu lange Vorworte sind nicht gut, weil sie den Leser ermüden. Wenn man schon beim Lesen des Vorwortes einschläft, wer soll dann bitteschön das Buch lesen? Deshalb sind Vorworte immer kurze Texte. Der Verfasser des Buches oder der Herausgeber erzählt kurz, was das Ziel des Buches ist.

Nach diesem Vorwort findet ihr auf jeder Seite einen Begriff zu unserem erhabenen Buch, dem Koran. Gleich unter dem Begriff lest ihr einen Koranvers oder einen Hadis, die mit dem Thema zu tun haben. Wir sind noch nicht fertig! Unter dem Vers oder Hadis befindet sich dann die Begriffserklärung. Wenn ihr dieses Buch zu Ende gelesen habt, werdet ihr fast alles über den Koran erfahren haben. Ihr fragt, wie wir all diese Begriffe gefunden haben? Wir haben alle Wörter, die mit dem Koran zu tun haben, gesucht und gesammelt. Unter all den gefundenen Begriffen haben wir diejenigen ausgesucht, mit denen ihr im Alltag am häufigsten zu tun haben werdet, und sie dann in das Buch aufgenommen. Wenn ihr mögt, könnt ihr mit der ersten Seite anfangen und das ganze Buch durchlesen. Oder ihr fangt von hinten an und lest es nach vorne durch. Ihr könnt es aber auch als Lexikon verwenden und nur die Wörter nachschlagen, die ihr nicht kennt oder die euch interessieren. Das ist euch überlassen. Ihr könnt dieses Buch überall lesen, wo ihr euch wohlfühlt. Wenn ihr nicht gestört werden wollt, dann hockt euch eben unter den Tisch und lest es dort. Wenn ihr meint, dass alleine zu lesen keinen Spaß macht, dann trefft euch doch mit Freunden und lest gemeinsam..Lest nach eurer Lust und Laune! Hauptsache, ihr lest.

Achlaq
Guter Charakter

„Und du verfügst wahrlich über großartige Charaktereigenschaften."
(Koran: Sure 68/Kalem, Vers 4)

Die Gesamtheit der schöpferischen und seelischen Eigenschaften eines Menschen bildet seinen Charakter. Charaktereigenschaften werden als „gut" oder „schlecht" eingestuft. Deswegen sagt man zu einigen Menschen: „Was für ein unverschämter Mensch!"; andere dagegen sieht man als beispielhafte Menschen und sagt, wie gut sie sind.

Der Islam legt großen Wert auf einen guten Charakter. Daher sagt auch unser Prophet: „Derjenige, der am festesten im Glauben ist, ist der, der den besten Charakter hat" (Tirmizi, Rada 11; Ebu Dawud, Sunna 16). Die Quelle guten Charakters in unserer erhabenen Religion sind der Koran und die Sunna des Propheten. Im Koran wird den Muslimen vorgeschrieben, sich mit guten Charaktereigenschaften auszustatten und von schlechten Eigenschaften fernzubleiben. Unser Prophet hat diese nicht nur empfohlen, er hat zugleich diese guten Eigenschaften vorgelebt und damit das beste Beispiel der islamischen Moral gezeigt.

Derjenige, der dem Koran und dem Propheten folgt, zeigt großen Respekt gegenüber seinen Eltern, ist nicht hochmütig. Er passt auf das ihm anvertraute Gut auf, hilft anderen, wenn er die Kraft dazu hat, ist nicht hinterhältig, schummelt nicht in der Prüfung, erzählt nicht alles weiter, was er hört, lügt seine Freunde oder andere Menschen nicht an, tut Tieren nicht weh, macht sich über andere nicht lustig … Langer Rede kurzer Sinn: Diese Person versucht ein lobenswerter Mensch zu sein, an den die Menschen sich mit Worten wie „Was für ein toller Mensch. Sehr vorbildhaft!" erinnern.

Âdâb
Gutes Benehmen

„… und trage den Koran vor, wie es sich gehört."

(Koran; Sure 73/Muzzemmil, Vers 4)

Das Wort Âdâb ist die Mehrzahl des Wortes „Edeb". „Edeb" bedeutet Feinheit, Höflichkeit und gutes Benehmen. Das Wort Âdâb umfasst alle Worte und Verhaltensweisen, die die Religion vorsieht und der Verstand als schön empfindet. Dieses Wort wird normalerweise im Zusammenhang mit bestimmten Situationen verwendet, zum Beispiel Benehmen beim Essen, Benehmen beim Schlafen, und so weiter. In diesen Fällen bezeichnet es die Regeln, Feinheiten und religiösen Grundsätze in diesen Situationen. Alles hat seine Regeln, und Âdâb zeigt uns diese Regeln. Zum Beispiel beim Koranlesen. Da der Koran aus Allahs Worten besteht, dürfen wir ihn nicht so lesen, wie wir einen Comic lesen. Wir dürfen ihn nicht mit gespreizten Beinen sitzend oder im Liegen lesen. Auch sollten wir ihn nicht lesen, wenn wir müde sind und beinahe einschlafen oder wenn wir Kaugummi kauen oder wenn wir mit dem Nachbarn quatschen. Wenn wir den Koran lesen, sollten wir auf die Regeln des Umganges mit dem Koran achten. Was sind es nun diese Regeln? Es ist Folgendes, meine Lieben: Zuallererst nehmen wir die rituelle Waschung vor. Wir bedecken unseren Kopf, unsere Arme und Beine. Dann gehen wir lieber an einem ruhigen und sauberen Ort. Wenn möglich, richten wir uns in Richtung Mekka. Dann sprechen wir die Besmele aus, damit der Teufel sich uns nicht nähert, sich mit etwas anderem beschäftigt und uns in Ruhe lässt. Wenn wir den Koran lesen, vergessen wir nicht, dass diese Worte Allahs Worte sind. Wir lesen ihn mit halblauter Stimme, Wort für Wort und in Ruhe. Und wenn wir fertig mit dem Lesen sind, sagen wir „sadakallahu'l-azîm" („Allah, der Erhabene, hat die Wahrheit gesprochen"), schließen das erhabene Buch und legen es an seinen Platz. Das war's!

Ahmed

„Einst sagte Jesus, Marias Sohn: ‚Kinder Israels! Ich bin von Gott zu euch gesandt worden, bestätige die vor mir offenbarte Thora und verkünde die frohe Botschaft, dass ein Gesandter namens Ahmed nach mir kommen wird.'"

(Koran: Sure 61/Saff, Vers 6)

Ahmed ist einer der Namen unseres Propheten, der im Koran erwähnt wird. Ein weiterer Name, der im Koran vorkommt, ist Muhammed. Diese beiden Namen bedeuten „der Gelobte". Da unser Prophet wegen seiner Lebensweise, seiner Worte, seines Charakters und seiner Taten gerühmt und gelobt wird, wird er im Koran „Muhammed" genannt. Und da er viel mehr gelobt wird als die vorherigen Propheten und Menschen, bekam er zusätzlich den Namen Ahmed, was auch „der am meisten Gelobte" bedeutet. Natürlich verlieh Allah ihm all diese Namen.

Neben Ahmed und Muhammed hat unser Prophet noch andere schöne Namen. Seit Jahrhunderten geben Muslime diese Namen ihren Söhnen weiter. Sie fügen sogar hinter diesen Namen ein „e" oder ein „a" und machen daraus Mädchennamen und geben sie dann ihren Töchtern. Einige von diesen Namen gibt es in fast jeder Familie. Häufig verwendete Namen unseres Propheten sind: Abdullah, Adil (Adile für Mädchen), Ahsen (für Mädchen), Ali (Aliye für Mädchen), Alim (Alime), Aziz (Azize), Beşir, Burhan, Ekrem, Emin (Emine), Faruk, Habib (Habibe), Halil, Halim (Halime), Hamid, Hanif (Hanife), Kerim (Kerime), Madschid (Madschide), Mahmud, Masum, Mesud, Metin, Mustafa, Nimet, Nur, Sadık, Saffet, Salih (Saliha), Seyyid (Seyyide), Taha, Tayyib (Tayyibe), Veli, Yasin, Zeki (Zekiye). So, nun überlegt mal: Wie viele von diesen Namen gibt es in eurer Familie?

Allah

„Alles Lob gebührt Allah, dem Herrn der Welten, dem Allerbarmer, dem Barmherzigen, dem Herrscher am Tage des Gerichts!"

(Koran: Sure 1/Fatiha, Vers 2-4)

Allah ist der Eigenname unseres erhabenen Schöpfers. Allah ist der alles Erschaffende und Beschützende. Er hat keinen Partner und Helfer; und Ihm ist nichts ähnlich. Er hat weder Eltern noch Kinder. Seine Existenz hat keinen Anfang und kein Ende. Er hat weder eine bestimmte Gestalt noch einen Ort.

Er kennt uns besser als wir uns selbst. Er ist uns näher als alles andere. Er ist überall und bei uns. Deswegen rufen wir den Namen „Allah!", wenn einer plötzlich auftaucht und uns erschreckt. Wenn wir erkennen,

dass derjenige, der uns erschreckt hat, unser Freund ist, dann sagen wir: „Möge Allah dir Gutes geben!", und nehmen es mit Gelassenheit. Und wenn wir sauer auf ihn geworden sind, dann murmeln wir: „Möge Allah dir Vernunft schenken!" Wenn wir sehen, dass unsere Brotbüchse leer ist, dann rufen wir verwundert: „Allah! Allah!" Wenn wir bemerken, dass einer unser Butterbrot aufgegessen hat, dann sagen wir: „Allah möge ihn zur Rechenschaft ziehen!" Wenn unser Magen vor Hunger knurrt und ein Freund seinen Toast mit uns teilt, dann sagen wir: „Möge Allah mit dir zufrieden sein." Wenn in der Prüfung genau die Fragen kommen, die wir gelernt haben, danken wir Allah. Wenn wir zu Ende des Schuljahres uns von unseren Freunden verabschieden, vertrauen wir sie Allah an. Wir warten darauf, dass die Sommerferien zu Ende gehen und Allah uns mit unseren Freunden vereint. Diese Liste kann man natürlich noch verlängern. Jetzt überlegt mal: Was kann man noch hinzufügen? Möge Allah euren Verstand stärken!

Amin

Prophet Muhammed (s) sagte: „Wenn der Imam Amin sagt, dann sagt auch Amin. Denn auch die Engel erwidern mit Amin."

Das Wort Amin verwendet man im Sinne von „Möge Allah es annehmen". Dieses Wort kommt im Koran nicht vor. Unser Prophet hat jedoch empfohlen, nach den Bittgebeten ein Amin zu sagen. So folgen wir seiner Sunna (Gesamtheit der überlieferten Aussprüche, Verhaltens- und Handlungsweisen des Propheten Mohammed als Richtschnur muslimischer Lebensweise) und fügen während und nach den Bittgebeten das Wort Amin an. Auf diese Weise erhoffen wir, dass Allah unsere Bittgebete annimmt. Auch nachdem wir die Sure Fatiha gelesen oder sie uns angehört haben, sagen wir Amin. Amin ist das Schlusswort eines Bittgebets. Unsere Hände, die wir im Bittgebet erheben, streichen wir über unser Gesicht, während wir Amin sagen, und beenden damit unser Bittgebet. Das Wort Amin ist vor allem bei Kindern sehr beliebt; es ist das Wort, auf das sie mit Begeisterung warten. Wird dieses Wort nach dem sogenannten Mewlid (Versammlung der Muslime zu einem bestimmten Anlass – Geburt, Tod, etc. –, bei der hauptsächlich der Koran gelesen wird. Zum Schluss wird gemeinsam gegessen.) ausgesprochen, so bedeutet es, dass die Zeremonie zu ihrem Ende kommt und Süßes verteilt wird. Wird das Wort nach einem religiösen Vortrag ausgesprochen, so heißt das, dass der Vortrag nun zu Ende geht und gleich das Essen serviert wird. Wird es nach einem langen Bittgebet ausgesprochen, so bedeutet dies, dass das Bittgebet, dem man mucksmäuschenstill zugehört hat, nun zu Ende ist und man wieder miteinander reden darf. Um Amin zu sagen, braucht man nicht das Bittgebet selbst zu sprechen. Wir können auch auf ein Bittgebet, das ein anderer gesprochen hat, mit Amin antworten, dann meinen wir: „Oh, wie schön er es aufgesagt hat; ich will dasselbe von dem, was er auch will.“ Wenn ein einziger Mensch ein Bittgebet aufsagt und Tausende Menschen Amin sagen, dann haben alle tausend Menschen für dasselbe gebetet. Möge Allah all unsere Bittgebete erhören und annehmen. Möge Er uns dazu leiten, das Beste zu wollen. Möge Er uns zu Menschen machen, die viele Bittgebete aufsagen und die oft Amin sagen. Aaaaaaamiiiiiiiin.

Arabisch

„Wir haben den Koran auf Arabisch offenbart, damit ihr es versteht.“
(Koran: Sure 12/Yusuf, Vers 2)

Arabisch ist – wie schon der Name verrät – die Sprache, die die Araber sprechen. In diesem Wörterbuch kommt das Wort „Arabisch“ aber nicht vor, weil es die Sprache der Araber ist, sondern weil es die Sprache des Korans ist. Sonst müssten wir ja alle Weltsprachen hinzufügen; das geht doch gar nicht! Na ja egal, wo waren wir stehengeblieben? Der Koran wurde in arabischer Sprache herabgesandt. Denn das Volk, zu dem der Koran herabgesandt wurde, war arabisch. Zu welchem Volk Allah auch Schriften herabsandte, offenbarte Er sie in dessen Sprache. Ansonsten wäre die Botschaft Allahs für die Menschen unverständlich. Da der Prophet Muhammed auch ein Araber war, war das ihm offenbarte Buch auf Arabisch. Zudem war Arabisch die umfassendste und ausdrucksvollste Sprache seiner Zeit. Zur Zeit der Offenbarung des edlen Korans war die Kunst des Sprechens und Dichtens unter den Arabern sehr fortgeschritten.

Die arabische Sprache wird heutzutage in vielen Ländern mit regionalen Unterschieden gesprochen. Die Sprache des Korans – also das sogenannte Hedschaz-Arabisch des 7. Jahrhunderts – wird seit jener Zeit bis heute als Standard-Arabisch geschützt. Das nennt man Fasih-Arabisch, was so viel bedeutet wie „ordentlich", im Deutschen sagen wir Hocharabisch. Die Amtssprache der arabischsprachigen Länder ist Hocharabisch. Das Volk spricht dieses nicht, aber alle gebildeten arabischen Bürger kennen es. Um sich mit Arabern aus anderen Regionen verständigen zu können, wird Hocharabisch gesprochen.

Aschr-ı Scherif

Wertvolle zehn Verse

„Wenn der Koran vorgetragen wird, so schenkt ihm Gehör und hört ihm aufmerksam zu, auf dass Allah euch in Seine Barmherzigkeit aufnimmt.“
(Koran: Sure 7/A'raf, Vers 204)

Wörtlich bedeutet Aschr-ı Scherif „wertvolle zehn Verse“. Wenn Muslime sich zu Hochzeit, Tod, Geburt und anderen Anlässen zusammentreffen, lesen sie Verse aus dem Koran. Und diese Abschnitte, die genau in diesen Gemeinschaften mit lauter Stimme vorgetragen werden und meistens aus zehn Versen bestehen, nennt man Aschr-ı Scherif. Jene Menschen, die eine schöne Stimme haben und den Koran gut lesen können, tragen den Aschr-ı Scherif vor. Leute mit sehr leiser Stimme, die man kaum hören kann, oder Leute, die noch dabei sind, das Koranlesen zu lernen, lesen lieber zu Hause für sich allein. Während der Koran gelesen wird, redet man – auch mit leiser Stimme – nicht und man knabbert nicht an einer Leckerei; die Kinder laufen nicht schreiend herum, die Mütter rufen die Kinder nicht mit lauter Stimme und die Väter reden nicht laut am Handy … Kurz und knapp: Alle hören sich respektvoll den Koran an. Nur Babys dürfen weinen und schreien; und ihre Mütter stecken dann einen Schnuller in ihren Mund und beruhigen sie. Auch wenn der Koran im Fernsehen oder im Radio gelesen wird, zeigt man denselben Respekt. Es geht nicht, dass man auf der einen Seite dem Koran lauscht und auf der anderen Seite mit den Geschwistern herumtobt oder sich an der Gardine festklammert und schaukelt oder mit den Freunden herumrennt.

Ayet

Koranvers/Zeichen

„Und Wir haben dir gewiss klare Verse herabgesandt und niemand leugnet sie außer den Frevlern."
(Koran: Sure 2/Baqara, Vers 99)

Ein Vers ist ein Zeichen, ein Wunder oder eine Lehre, der die Existenz, die Einsheit und die Allmacht Allahs zum Ausdruck bringt. Auch die Sätze und Satzteile im Koran nennt man so. Die Länge der Verse ist unterschiedlich. Manchmal ist ein Vers eine ganze Seite lang, und manchmal ist nur ein Buchstabe ein Vers. Jeder Vers ist das Wort Allahs. Diese Verse hat Allah unserem Propheten offenbart. Die ersten herabgesandten Verse sind die ersten fünf Verse der Sure Alaq. Die Gesamtheit der Verse ergibt eine Sure. Auch die Reihenfolge der Verse in den Suren wurde durch Offenbarungen festgelegt. Der Koran hat ungefähr 6236 Verse und 114 Suren. Wenn ihr euch die Seiten im Koran anschaut, dann sieht ihr kleine Blumen in den Zeilen. Diese Blümchen dienen nicht als Verzierung oder so. Ihre eigentliche Aufgabe ist es, die Verse voneinander zu trennen. Also ist ein Vers jeweils die Stelle zwischen zwei Blümchen. In den Blümchen steht die Versnummer mit arabischen Ziffern geschrieben. Sagen wir mal, ihr sucht den Vers 250 der 2. Sure Baqara. Dafür müsst ihr nicht ab Anfang der Sure einzeln die Verse zählen. Es reicht, wenn ihr euch nur die Ziffern in den Blümchen anschaut; so könnt ihr leicht den Vers finden, den ihr sucht. Wenn ihr denkt, dass ihr euch dabei vielleicht trotzdem irrt, dann könnt ihr die Verse auch meinetwegen einzeln zählen. So würdet ihr allerdings Zeit vergeuden, und wenn die Türklingel oder das Handy mal zwischendurch klingeln sollte, dann vergesst ihr, wo ihr stehen geblieben seid, und müsst vielleicht nochmal von vorne zählen. Nur damit ihr Bescheid wisst!

Ayetul-Kursi
Thronvers

Prophet Muhammed (s) sagte: „Alles hat seinen Höhepunkt. Der Höhepunkt des Korans ist die Sure Baqara. In dieser Sure gibt es einen Vers, welcher der Herr der Verse ist: Ayetul-Kursi."

Ayetul-Kursi ist der 255. Vers der 2. Sure Baqara. Wir wissen, dass dieser Vers der Höhepunkt der Verse des Korans ist. In dem Vers wird unser erhabener Schöpfer vorgestellt. Sein erhabenster Name kommt auch in diesem Vers vor. Unser Prophet empfahl, nach jedem Pflichtgebet diesen Vers zu lesen. Er sagt, dass wir ihn sogar jeden Morgen und Abend und vor dem Schlafengehen lesen sollten. Die meisten Muslime wissen diesen Vers auswendig. Aber manche, die ihn auswendig können, wissen gar nicht, dass sie es können. Wenn einige meinen: „Ayetul-Kursi? Das kommt mir sehr bekannt vor!", dann sagt ihr: „Allahu la ilahe illa huvel…", und sie sagen den Rest auswendig. Wir lesen Ayetul-Kursi, um vor Unfällen und vor Bösem geschützt zu bleiben. Vor allem, wenn wir vor etwas Angst haben, fällt uns als Erstes dieser Vers ein. Natürlich kann es schwierig sein, jedes Mal die Gebetswaschung durchzuführen und dann einen Koran zu finden, um ihn zu lesen. Deshalb ist es am leichtesten, ihn bei erster Gelegenheit auswendig zu lernen. Sagen wir mal, ihr pflückt Obst in der Baumkrone oder ihr reist mit dem Bus. Auf einmal fällt euch die Erhabenheit dieses Verses ein und ihr wollt ihn schnell mal lesen. Da ihr nicht ruckartig vom Baum springen und nach Hause rennen könnt oder nicht die Möglichkeit habt, den Bus zu stoppen und nach einem Koran zu suchen, wäre es besser, den Vers bei der ersten Gelegenheit auswendig zu lernen. So könnt ihr ihn jedes Mal, wenn ihr Lust dazu habt, überall und zu jeder Zeit rezitieren.

Ayetus-Sedschde
Niederwerfungsvers

„Preise Deinen Herrn, und reihe dich unter die Betenden, die sich vor Allah niederwerfen!"
(Koran: Sure 15/Hidschr, Vers 98)

Niederwerfungsverse sind, wie ihr Name schon besagt, besondere Verse im Koran. Derjenige, der diese Verse liest oder hört,

wirft sich nieder und macht die sogenannte Sedschde. Ihr wollt wissen, was eine Sedschde überhaupt ist? Dann lasst uns das auch mal schnell verraten: Die Sedschde ist eine Art Niederwerfung um Allahs willen, bei der unsere Füße, Knie, Hände und unsere Stirn gleichzeitig den Boden berühren. Ja, genau; ihr wisst schon, was wir meinen. Natürlich sprechen wir von der Sedschde, die im Ritualgebet vollzogen wird.

Im Koran gibt es an vierzehn Stellen Sedschde-Verse. Wenn wir beim Koranlesen auf einen dieser Verse stoßen, so machen wir die Sedschde, sobald wir mit dem Lesen fertig sind. Und wenn wir es vergessen, dann machen wir die Sedschde, sobald es uns einfällt. Ja, aber wie erkennen wir, dass ein Vers ein Sedschde-Vers ist? Gute Frage. Am Seitenrand gibt es ein Zeichen, meistens eine Rosette, die genau neben dem Sedschde-Vers angebracht ist. In dem Zeichen steht „Sedschde". Wenn man den Vers neben dem Sedschde-Zeichen liest oder hört, macht man eine Sedschde.

Die Sedschde wird nur in Richtung Kaaba und für Allah verrichtet. Ihr fragt, wo die Kaaba liegt? Na, wir sagen doch immer „Qibla"; und Qibla bedeutet „in Richtung Kaaba". Man kann die Sedschde nicht in einer anderen Richtung als der Qibla machen. Wenn wir nicht wissen, wo die Qibla ist, so fragen wir jemanden, der es weiß.

Die Sedschde ist ein sehr wichtiger Gottesdienst. Der Satan wurde verflucht und aus dem Paradies vertrieben, nur weil er nach dem Befehl Allahs die Sedschde nicht verrichtet hat. Deshalb werfen wir uns bei der ersten Gelegenheit sofort zur Sedschde nieder, wann immer wir einen Sedschde-Vers lesen oder hören.

Baqara
Zweite Sure im Koran

„Und als Moses zu seinem Volk sagte: ‚Wahrlich, Allah befiehlt euch, eine Kuh zu schlachten', sagten sie: ‚Willst du dich über uns lustig machen?' Er sagte: ‚Allah bewahre mich davor, einer der Unwissenden zu sein.'"

(Koran: Sure 2/Baqara, Vers 67)

Die Sure Baqara ist die längste Sure im Koran. Mit ihren 286 Versen umfasst sie 1/22 des Korans. Die Sure Baqara steht nach der Eröffnungssure Fatiha im Koran an zweiter Stelle.

Baqara bedeutet „Kuh". Diejenigen, die das zum ersten Mal hören, machen meistens große Augen und fragen sich verwundert: „Waaas? Eine Kuh?" Ja, genau: Eine Kuh! Das, was dieses Tier so berühmt macht, ist die Geschichte des Propheten Moses, die in den Versen 67-71 erzählt wird. Nach dieser Geschichte weist Allah das Volk Mose an, eine Kuh zu schlachten. Sie aber erfinden die unterschiedlichsten Ausreden, um das Tier nicht zu schlachten. Das mag vielleicht unwichtig erscheinen, jedoch ist die Lektion dahinter von enormer Wichtigkeit: Das Volk Mose beschäftigte sich mit Ackerbau. Da die Kühe hierbei eine wichtige Rolle spielten, waren sie für die Menschen sehr wertvoll. Mit der Zeit vergaßen sie Allah und dachten sich, dass sie ohne die Kühe verhungern würden, und fingen an, diese Tiere zu verehren. So wollte Allah durch das Schlachten einer Kuh ihre Vergötterung (= Beigesellen anderer Götter neben Allah) verhindern. Daher ist die Kuh nur ein Symbol. Über die Jahrhunderte können sich die Symbole verändern; die eigentliche Botschaft ist aber, dass es keinen anderen Gott gibt außer Allah.

Besmele
Eröffnungsformel

„Er ist von Suleyman, und er ist ‚Im Namen Allahs, des Erbarmers, des Barmherzigen.'"

(Koran: Sure 27/Neml, Vers 30)

Die Eröffnungsformel (Besmele) ist der erste Vers der Sure Fatiha; sie ist ein ziemlich langes Wort, bestehend aus 24 Buchstaben: Bismillahirrahmanirrahim (für die, die Schwierigkeiten beim Lesen haben, silbenweise: Bis-mil-la-hir-rah-ma-nir-ra-him). Unser Prophet empfahl, vor jeder Handlung die Besmele auszusprechen. Deshalb sprechen wir die Besmele vor dem Koranlesen, vor dem Essen und Trinken, vor dem Spielen, und so weiter; kurz: vor jeder Tat. Damit wollen wir ausdrücken, dass wir die Tat im Namen Allahs, für Sein Wohlgefallen und mit Seiner Erlaubnis machen. Wenn Allah uns hilft, werden auch unsere Aufgaben einfach.

Um das Aussprechen der Besmele vor jeder Handlung nicht zu vergessen, könnt ihr zu Hause das Wort „Bismillahirrahmanirrahim" überall dahin schreiben, wo es am besten sichtbar ist. Und wenn ihr meint: „Ja, aber wir sind doch nicht die ganze Zeit zu Hause! Was passiert, wenn wir nach draußen gehen und dann vergessen, die Besmele auszusprechen?", dann könnt ihr das Wort „Bismillahirrahmanirrahim" in eure Handfläche schreiben. Eure Hände kommen ja sowieso mit euch mit. Wenn ihr aber fragt: „Unsere Hände sind doch klein. Wie sollen denn 24 Buchstaben hineinpassen?", dann könnt ihr auch nur „Bismillah" schreiben. Wenn ihr meint, dass auch dieses Wort nicht auf eure kleine Handfläche passt, dann schreibt meinetwegen nur „Bis" hin. Wenn ihr jetzt schon wieder meckert, na gut, dann schreibt eben nur ein „B" hin. Das geht auch. Hauptsache ist, ihr vergesst nicht, was ihr zu sagen habt.

Wenn euch einfällt, dass ihr vergessen habt, die Besmele auszusprechen, bevor ihr mit einer Handlung begonnen habt, dann könnt ihr es auch im Nachhinein tun. Das heißt, wenn euch zum Beispiel genau beim letzten Bissen eurer Eistüte einfällt, dass ihr die Besmele nicht ausgesprochen habt, dann denkt ja nicht, dass dieses Eis nicht zählt, weil ihr die Besmele nicht ausgesprochen habt, und ihr euch ein neues Eis holen dürft.

Dschahiliyye
Vorislamische Zeit der Unwissenheit

„Wünschen sie sich etwa die Richtlinien der Dschahiliyye zurück? Und wer ist ein besserer Richter als Allah für ein Volk, das fest im Glauben ist?“

(Koran: Sure 5/Maide, Vers 50)

Das Wort Dschahiliyye bezeichnet die Haltung und das Verhalten der Araber in der vorislamischen Zeit, also in der Zeit vor der Offenbarung des Korans. Dschahiliyye bedeutet Unwissenheit, Grobheit und Unerfahrenheit. Das Wort beinhaltet jede Art von Glauben, Worten und Handlungen, die mit dem Islam nicht zu vereinbaren sind. Die vorislamische Zeit, in der Unwissenheit herrschte, nennt man „die Zeit der Dschahiliyye“. In dieser Zeit waren die Menschen dermaßen fehlgeleitet, dass sie handgemachte Götter aus Stein oder Holz anbeteten. Manche von ihnen bauten sogar Götzen aus Teig. Wir wissen natürlich nicht, ob der Teig gesäuert war, wie viel Mehl und Wasser verwendet wurde oder ob dem Teig Schwarzkümmel beigemischt wurde. Was wir aber wissen, ist, dass die Leute bei Hungersnot bei der ersten Gelegenheit diese Skulpturen gegessen haben. Der Koran ist zu solch einer Gesellschaft offenbart worden. Unser Prophet erklärte ihnen – ohne dabei überdrüssig zu werden –, dass sie im Unwissen sind, dass die Götzen nicht einmal sich selbst helfen können, dass es keine andere anbetungswürdige Gottheit gibt außer Allah und dass er der Diener und Gesandte Allahs ist. Menschen, die auf ihre leckeren Götzen nicht verzichten wollten, haben sich mit unserem Propheten angefeindet. Sie haben ihn und die Gläubigen gequält. Doch das Licht des Islam wurde von Tag zu Tag heller und verbreitete sich immer mehr. Nach kurzer Zeit ersetzte die islamische Ära die Zeit der Dschahiliyye.

Dschuz

Koranabschnitt

„Und Wir haben den Koran in Abschnitten offenbart, damit du ihn den Menschen in Ruhe verlesen mögest, und Wir sandten ihn nach und nach hinab.“

(Koran: Sure 17/Isra, Vers 106)

Die dreißig Abschnitte, die den Koran bilden, heißen einzeln „Dschuz“. Der Koran ist ein ziemlich dickes Buch. Er besteht aus 600 Seiten. So, nun lasst mich euch eine Mathematik-Frage stellen: Wenn der Koran aus 600 Seiten besteht und 30 Abschnitte (Dschuz) hat, wie viele Seiten hat dann ein Abschnitt? Lasst es uns gemeinsam schnell ausrechnen: 600 : 30 = 20. Genau; jeder Abschnitt hat 20 Seiten. Auf jeder Anfangsseite eines Abschnitts befindet sich an der Seitenkante ein rosenförmiges Zeichen, eine sogenannte Rosette. Auf diesem Zeichen steht die Abschnittnummer in arabischen Ziffern. Der Koran wurde in Abschnitte unterteilt, um das Lesen und Auswendiglernen zu erleichtern. Muslime können, wenn sie zusammenkommen und die Abschnitte unter sich aufteilen, in kurzer Zeit den Koran von Anfang bis Ende durchlesen.

Dua

Bittgebet

„Und wenn dich meine Diener nach mir fragen, so bin ich nahe und erhöre das Gebet, wenn einer zu mir betet."

(Koran: Sure 2/Baqara, Vers 186)

Das Bittgebet ist der Wunsch oder das Verlangen nach etwas. Es bedeutet, dass man sich an Allah wendet und ihn um materielle oder immaterielle Dinge bittet. Das Bittgebet ist eine Brücke zwischen Allah und Seinem Diener. Der Mensch kann durch seine Bittgebete immer, wenn er es möchte, Allah erreichen. Das Bittgebet steht in unserem Leben so sehr im Vordergrund, dass wir sogar unbewusst Bittgebete aussprechen. Jemandem, der etwas Gutes für uns getan hat, sagen wir: „Möge Allah zufrieden mit dir sein!", einem Kranken: „Möge Allah dir Gesundheit und Kraft geben!" Genauso sagen wir, wenn jemand uns zum Lachen bringt, als Bittgebet: „Möge Allah dir das Beste geben!", einem verstorbenen Menschen wünschen wir: „Möge Allah gnädig mit ihm sein!", einem Bedürftigen: „Möge Allah ihn versorgen!" Einem leidenden Menschen wünschen wir: „Möge Allah ihm Geduld schenken!", vor dem Schlafengehen wünschen wir unserer Familie eine gute Nacht, indem wir sagen: „Möge Allah euch Ruhe und Erholung geben!" Dies alles zählt stets als Bittgebet.

Wenn wir mit einem Bittgebet anfangen, sprechen wir zunächst die Besmele (Eröffnungsformel) aus. Wir halten unsere Hände geöffnet und sprechen unseren Wunsch mit ganzem Herzen aus. Zum Beispiel beten wir dafür, dass wir uns nie von unserer Familie trennen müssen; wir beten dafür, Erfolg in der Schule zu haben oder dass es schneien soll, damit wir schulfrei haben. Wir beten dafür, dass unsere Mutter erlauben möge, dass wir zu Hause eine Katze halten. Ein Bittgebet ist nicht begrenzt. Was wir auch wünschen und wann wir es wollen, wir können immer zu Allah beten. Wenn unsere Bittgebete in Erfüllung gehen, so danken wir Allah. Und wenn wir denken, sie sind nicht in Erfüllung gegangen, so machen wir weiter mit unseren Bittgebeten. Wenn wir schon beim Thema Bittgebet sind, dann lasst uns auch diesen Abschnitt mit einem Bittgebet beenden: Möge Allah all unsere Bittgebete, die gut für uns sind, annehmen. Amin.

Ehlul-kitab
Christen und Juden

„Und streitet nicht mit dem Volk der Schrift; es sei denn auf die beste Art und Weise. Ausgenommen davon sind jene, die ungerecht sind. Und sprecht: ‚Wir glauben an das, was zu uns herabgesandt wurde und was zu euch herabgesandt wurde; und unser Gott und euer Gott ist Einer; und Ihm sind wir ergeben.'"
(Koran: Sure 29/Ankebut, Vers 46)

Die Leute der Schrift oder das Volk der Schrift sind die Schriftbesitzer. Selbstverständlich wird dieser Begriff nicht für jene verwendet, die immer mit einem Buch unterwegs sind, die ein Buch auf ihren Kopf setzen, um gerade gehen zu können oder die Leseratten sind. Leute der Schrift ist die Bezeichnung für diejenigen, die an die Bücher glauben, die Allah Seinen Propheten offenbarte. Im Koran wird er für Juden und Christen verwendet.

Vor dem Islam hatten die Menschen auf der Arabischen Halbinsel überwiegend Statuen, Feuer oder die Sterne angebetet. Einige bauten selbst ihre Götter aus Stein oder Holz und beteten diese an. Manche hatten sogar Götter aus Teig oder Datteln hergestellt. Der größte Nutzen, den sie von diesen erhielten, war natürlich, dass sie sie in Zeiten der Not aufaßen und ihren Hunger stillten. Außer diesen Religionen war die meist verbreitete Religion die Religion der Hanifen. Die Menschen, die sich zu dieser Religion bekannten (Hanif), glaubten an eine Religion, die aus den Zeiten des Propheten Abraham (a.s.) stammte, und akzeptierten auch die Einsheit Allahs. Genauso gab es eben auch die Leute der Schrift, also die Christen und die Juden. Auch diese glaubten an den Einen Allah und wussten außerdem, dass noch ein Prophet kommen würde. Deshalb folgten einige sofort der Einladung unseres Propheten und traten zum Islam über. Andere jedoch haben die Wahrheit verschwiegen, unseren Propheten absichtlich verleugnet und an ihn nicht geglaubt.

Elif-Ba

Arabisches Alphabet

Prophet Muhammed (s) sagte: „Der Beste unter euch ist derjenige, der den Koran lernt und lehrt."

Das arabische Alphabet wird Elif-Ba genannt. Das ist so ähnlich, wie wenn wir unser Alphabet „das ABC" nennen. Außerdem nennen wir auch die Büchlein, mit denen wir das Koranlesen lernen, Elif-ba. Die Elif-ba-Lernbücher fangen damit an, die Buchstaben des Korans beizubringen. Damit diese Buchstaben leichter zu erlernen sind, gibt es Merksätze dazu: Elif ist wie ein Stock, Be wie eine Pfanne, Te und Se sind wie Be, Dschim hat einen Bauch, Ha und Cha sind wie Dschim, Dal ist wie ein Haken, Zel ist wie Dal, Ra ist wie der Halbmond, und Ze ist wie Ra, Sin hat drei Zähne, Schin ist wie Sin, Sad schaut aus wie das Maul eines Kamels, Dad ist wie Sad, Ta ist Kaninchenohren ähnlich, Za ist wie Ta, Ayn hat einen offenen Mund, Ghayn ist wie Ayn, Fe ist wie ein Lammkopf, Kaf ist wie Fe, Kef ist krumm und schief, Lam ist wie ein Haken, Mim ist eine Keule, Nun wie eine Schale, Vav hat ein Auge, He hat zwei Augen, Lamelif-Ye liegen wie ein Büffel.

Nachdem die Buchstaben gelernt sind, macht man mit Wörtern weiter. Und dann lernt man Sätze lesen, indem man die Wörter miteinander verbindet. Am Ende der Elifba-Lernbücher befinden sich kurze Suren aus dem Koran. Diejenigen, die mit dem Elifba fertig sind, können nun in Ruhe anfangen, den Koran zu rezitieren. Herzlichen Glückwunsch!

Euzu Besmele
Eröffnungsformel

„Und wenn du den Koran liest, so suche bei Allah Zuflucht vor Satan, dem Verfluchten."
(Koran: Sure 16/Nahl, Vers 98)

Das Wort *Euzu Besmele*, also die Eröffnungsformel, setzt sich aus den Worten Euzu und Besmele zusammen: Euzubillahiminesch-scheytanirradschim. Bismillahirrahmanirrahim (für die, die sich beim Lesen schwertun, hier nochmal in Silben: E-u-zu-bil-la-hi-mi-nesch-schey-ta-nir-ra-dschim. Bis-mil-la-hir-rah-ma-nir-ra-him). Und die Bedeutung von Euzu Besmele lautet: „Ich nehme Zuflucht vor dem verfluchten Satan bei Allah; im Namen Allahs, des Allerbarmers, des Barmherzigen."

Wenn wir mit einer guten Tat beginnen, sagen wir Bismillah. Eine noch schönere Formel ist Bismillahirrahmanirrahim. Eine noch viel schönere Formal ist dann die Euzu Besmele. Damit suchen wir Zuflucht vor dem verfluchten Satan bei Allah. Hier kann einem die Frage einfallen, von wo der verfluchte Satan denn vertrieben wird. Ich erzähle es euch: Es gab eine Zeit, in der der Satan gemütlich im Paradies lebte und stolz auf sich war. Zudem war der Satan Allah gegenüber ungehorsam, ohne sich dabei zu schämen. So gab ihm Allah seine verdiente Strafe und verbannte ihn aus dem Paradies. Der Satan, dem das überhaupt nicht gefiel, war gierig und schwor darauf, die Menschen irrezuleiten, solange die Welt existierte. Aus diesem Grund schleicht sich der Satan jedes Mal zu den Menschen und versucht, ihren Verstand durcheinanderzubringen. Er will den Menschen alle möglichen schlechten Sachen machen lassen. Er freut sich wie verrückt, wenn er sieht, wie Menschen ihm folgen, ohne ihren Verstand zu benutzen. Und die Menschen, die ihn am meisten nerven, sind jene, die ihren Verstand benutzen und ihm nicht folgen. Wenn wir eine Sache mit Euzu Besmele beginnen, so erinnern wir den Satan erneut daran, dass er aus dem Paradies vertrieben ist, und nerven ihn somit. Dazu kommt, dass wir ihn von uns entfernen und folglich in Ruhe unsere Arbeit erledigen können.

Fard

Pflicht

„(Dies ist) eine Sure, die Wir hinabsandten, (...) worin Wir deutliche Zeichen offenbarten, auf dass ihr ermahnt sein möget.“

(Koran: Sure 24/Nur, Vers 1)

Die Dinge, die Allah im Koran oder der Prophet in den Hadisen gebietet und zur Pflicht macht, nennt man „Fard“, im Türkischen auch „Farz“ genannt. Fard sind unsere Pflichten gegenüber Allah. Die Fard, die dem einen sofort einfallen, sind: das Ritualgebet, das Fasten im Monat Ramadan, die Zekat. Egal, in welchem Zustand wir uns befinden; wir müssen unsere Pflichten erfüllen. Wenn wir die Fard erfüllen, werden uns gute Taten zugeschrieben. Wenn wir sie nicht erfüllen, ist es zum einen eine Sünde, zum anderen sind wir verschuldet, bis wir es eines Tages nachholen. Diese Schulden sollten dann bis vor dem Tod beglichen sein. Holen wir die Fard, die uns aus früheren Zeit begleiten, nach, heißt es „Kada“ (Nachholen). „Warte nun mal ab, wir sind doch noch nicht tot; eines Tages holen wir die schon nach“; mit diesem Gedanken dürfen wir nicht an die Sache herangehen. Denn alle Fard, die nicht erfüllt werden, häufen sich immer mehr an … Zum Schluss wird daraus so ein Haufen, dass man den Durchblick verliert. Unsere Vorfahren sagten: „Ziehen sich die Schulden zu lange hin, dann bleiben sie auch dabei.“ Deshalb ist es das Beste, die Fard rechtzeitig zu erfüllen, ohne sie anhäufen zu lassen. Dafür sollte man zunächst lernen, was die Fard überhaupt sind. Wenn wir sie nicht kennen und eines Tages darüber Rechenschaft ablegen müssen, dann nützt es nichts zu sagen: „Ich wusste das nicht, niemand hat mir davon erzählt. Ich hätte es nicht getan, wenn ich es gewusst hätte.“ Denn auch die Fard zu lernen ist Fard. Und nachdem man gelernt hat, was Fard ist, ist es dann ebenso Fard, sie zu erfüllen.

Fatiha

Die erste Sure im Koran

„Im Namen Allahs, des Allerbarmers, des Barmherzigen. Alles Lob gebührt Allah, dem Herrn der Welten, dem Allerbarmer, dem Barmherzigen, dem Herrscher am Tage des Gerichts! Dir allein dienen wir, und Dich allein bitten wir um Hilfe. Führe uns den geraden Weg, den Weg derer, denen Du Gnade erwiesen hast, nicht den Weg derer, die Deinen Zorn erregt haben, und nicht den Weg der Irregehenden."
(Koran: Sure 1/Fatiha, Vers 1-7)

Fatiha ist die erste Sure im Koran. Das Wort „Fatiha" bedeutet „die Öffnende". Man nennt sie so, weil sie die Eröffnungssure des Korans ist. Die Sure Fatiha liest man zu jeder Gelegenheit: in jeder Gebetseinheit, vor dem Schlafengehen, zum Gesundwerden, für einen Verstorbenen, nach einem Bittgebet … Deshalb ist sie eine der Suren, die als Erste auswendig gelernt werden. Wenn man die Sure Fatiha liest, gedenkt man Allahs, und zum anderen ist man Ihm dankbar und bittet um Seine Hilfe. Auch nach gemeinschaftlichen Bittgebeten wird diese Sure gelesen. Derjenige, der das Bittgebet ausspricht, sagt dann zum Schluss: „Für die Erhörung unserer Gebete: El-Faaaaaaaaaatiha!"

Furqan

Name des Korans

„Er hat dir das Buch in Wahrheit herabgesandt, bestätigend, was ihm vorausging. Und er sandte die Thora und das Evangelium herab zuvor als eine Leitung für die Menschen und sandte nun die Unterscheidung (Furqan).“

(Koran: Sure 3/Al-i Imran, Vers 3-4)

Ein anderer Name für den Koran ist Furqan. Dieser Name wurde auch für die Thora verwendet. Wörtlich bedeutet Furqan die Unterscheidung von Gut und Böse, von Richtig und Falsch, von Halal und Haram, vom Gläubigen und Ungläubigen und es bedeutet die Verdeutlichung der Wahrheit. Den Koran und alle anderen herabgesandten Offenbarungsschriften bezeichnet man als Furqan. Denn alle unterscheiden das Gute vom Bösen und alle erläutern die Wahrheit. Allah teilte den Menschen durch diese Bücher mit, was richtig und was falsch ist.

Furqan ist gleichzeitig der Name der 25. Sure im Koran. In dieser Sure wird von der Weisheit der Herabsendung des Korans, dem Verhalten der Polytheisten (Menschen, die an mehrere Götter glauben), der Großartigkeit Allahs, der Prophetenschaft, dem Zustand am Tag des Jüngsten Gerichts und den Eigenschaften der Gläubigen erzählt.

So wie nicht jeder den Spitznamen von manchen Menschen weiß, so wissen auch kaum Leute, dass der Koran mit anderem Namen Furqan heißt. Die meisten Menschen denken, dass Furqan nur ein männlicher Vorname ist. Deshalb würden es kaum Menschen verstehen, wenn ihr sagtet: „Dieses Jahr habe ich das Furqan-Lesen gelernt“, „Ich habe mich im Furqan-Kurs angemeldet“ oder „Ich habe all die kurzen Suren, die sich am Ende des Furqan befinden, auswendig gelernt.“ Deswegen wäre es vielleicht am besten, dass ihr etwas klarer sprecht, wenn ihr innerhalb des Satzes das Wort Furqan benutzen wollt, wie zum Beispiel: „Dieses Jahr habe ich das Furqan-Lesen, also das Koranlesen, gelernt.“

Gabriel
Dschibril

„Sprich: ‚Den Koran hat mir Gabriel, der Geist der Heiligkeit, vom Herrn mit der Wahrheit gebracht, damit die Gläubigen im Glauben gefestigt werden, und als Rechtleitung und frohe Botschaft für die Muslime, die sich Gott ergeben."

(Koran: Sure 16/Nahl, Vers 102)

Gabriel ist einer der vier großen Engel. Die anderen großen Engel sind Israfil, Mikail und Azrail. Die Aufgabe Gabriels ist es, den Propheten die Offenbarung Gottes zu bringen. Das heißt, er ist ein Bote zwischen Allah und seinen Propheten. Es ist Gabriel, der allen Propheten die Botschaft Allahs mitteilte. Es war Gabriel, der Adam benachrichtigte, dass seine Reue angenommen wurde, nachdem er vor Reue Tränen vergossen hatte. Er war es, der Noah (Nuh) anwies, ein Schiff zu bauen; der Abraham mitteilte, keine Angst zu haben, weil Allah ihn vor dem Feuer schützen werde, oder der Hiob (Eyyub) die gute Nachricht brachte, dass, wenn er mit dem Fuß auf die Erde stoße, heilsames Wasser herauskommen werde. Es war Gabriel, der Lot (Lut) den Auftrag erteilte, die Stadt mit den Gläubigen zu verlassen, ohne sich umzudrehen. Er gab Salih Bescheid, dass Allah für ihn ein rothäutiges Kamel aus einem Felsen zum Vorschein bringen werde. Er brachte Josef die Traumdeutung bei. Es war Gabriel, der Moses den Befehl ausrichtete, mit seinem Stab auf das Meerwasser zu schlagen. Er zeigte Dawid, wie man Eisen verformen kann. Salomo wies er die Aufgabe zu, die Königin Belkis und ihr Volk zum Glauben an Allah einzuladen. Maria gab er die frohe Botschaft der Geburt eines Sohnes. Er benachrichtigte Jesus, dass Allah ihn zu sich nehmen werde. Schließlich überbrachte er Muhammed in der Höhle Hira die erste Botschaft des Korans. Gabriel ist der Vermittler, durch den wir all dies erfahren haben.

Gebetswaschung

„Gläubige! Wenn ihr euch zum Ritualgebet begebt, so wascht euer Gesicht und eure Hände bis zu den Ellenbogen und streicht über euren Kopf und wascht eure Füße bis zu den Knöcheln.“

(Koran: Sure 5/Maide, Vers 6)

Um einige Gottesdienste zu erfüllen, wie zum Beispiel das Ritualgebet zu verrichten und den Koran zu lesen, nehmen wir die Gebetswaschung vor. Wir brauchen gar nicht lange nach einem Ort für die Gebetswaschung zu suchen. Wir können überall dort die Gebetswaschung durchführen, wo auch genügend Wasser vorhanden ist. Dazu sprechen wir zuerst die Besmele und dann bekunden wir unsere Absicht. Also sagen wir Folgendes: „Ich beabsichtige für das Wohlgefallen Allahs, die Gebetswaschung durchzuführen.“ Danach waschen wir dreimal unsere Hände. Sind unsere Hände blitzeblank sauber, so spülen wir dreimal unseren Mund und unsere Nase aus. Nun werden das Gesicht und dann die Arme bis zu den Ellbogen dreimal gewaschen. Danach befeuchten wir die rechte Hand und streichen damit einmal über den Kopf. Wir befeuchten noch einmal die Hände und waschen mit den Fingern unsere Ohren und streichen über den Nacken. Zum Schluss waschen wir unsere Füße bis zu den Knöcheln. So, jetzt haben wir den Zustand der rituellen Reinheit erreicht. Aber wir können diesen Zustand nicht für immer beibehalten. Wenn wir auf die Toilette gehen, wenn wir pupsen oder wenn Blut oder Eiter aus unserem Körper austritt, wenn wir erbrechen, wenn wir schlafen, in Ohnmacht fallen oder – Gott bewahre – den Verstand verlieren, dann ist die Waschung ungültig und wir müssen sie wiederholen. Wenn wir die Gebetswaschung vornehmen, müssen wir vorsichtig mit dem Wasser umgehen. Wir dürfen bei fließendem Wasser nicht herumtrödeln. Sonst verschwenden wir viel zu viel Wasser und der Papa dreht wegen der hohen Wasserkosten durch.

Hadis

„Ich überbringe euch die Botschaften meines Herrn und gebe euch aufrichtigen Rat, und ich weiß durch Allah, was ihr nicht wisst.“
(Koran: Sure 7/A'raf, Vers 62)

Hadise sind die Worte oder Sprüche unseres Propheten. Die wichtigste Quelle unserer Religion sind nach dem Koran die Hadise. Außerdem sind in der Koranexegese (Arabisch/Türkisch: Tefsir) die Hadise erneut die wichtigste Quelle. Diese Worte sind nicht so wie unsere Aussagen, die wir im Alltag verwenden; wie zum Beispiel: „Mein Magen knurrt. Was gibt es zum Essen?“, „Boah, ist das Wetter aber heute heiß!“, „Ich habe doch gesagt, dass keiner mein Zimmer betreten soll!“, „Schokolade macht einen ja süchtig; man hat nie genug davon.“ Die Hadise sind zwar Worte unseres Propheten, aber deren Quelle ist wiederum Allah. Die gesegneten Worte unseres Propheten erläutern den Koran und lehren den Islam. Wenn unserem Propheten ein Koranvers offenbart wurde, erklärte er seine Bedeutung. Zusätzlich stellten die Muslime allerlei Fragen. Diejenigen, die seinen Worten lauschten, verbreiteten mündlich das, was sie gelernt hatten. Selbstverständlich haben sie darauf geachtet, vom Original nicht abzuweichen. Einige Zeit nach dem Tod unseres Propheten haben einige Gelehrte diese Hadise gesammelt und sie in Büchern festgeschrieben. Durch sie sind die Worte unseres Propheten bis in die Gegenwart gekommen. Da natürlich eine lange Zeit vergangen ist und niemand an der Richtigkeit der Hadise zweifeln sollte, haben die Gelehrten niedergeschrieben, über von welchen einzelnen Überlieferer die Hadise weitergegeben wurden. Dementsprechend bestehen Hadise aus zwei Teilen. Im ersten Teil stehen die Namen der einzelnen Überlieferer, im zweiten Teil befindet sich der eigentliche Text.

Hafiz

Prophet Muhammed (s) sagte: „Jemand, der überhaupt keinen Vers aus dem Koran auswendig weiß, ähnelt einem zerstörten Haus."

Jemanden, der den Koran komplett auswendig weiß, nennt man Hafiz. Während unserem Propheten die Koranverse einzeln herabgesandt wurden, schrieben einige schreibkundige Gläubige diese Verse nieder. Diese Menschen nennt man „Offenbarungsschreiber". Manche unter ihnen lernten die Verse auswendig. So entstand schon in jener Zeit die Tradition des Auswendiglernens des Korans. Dieser Brauch wird seit Jahrhunderten unter den Muslimen immer noch gepflegt. Während manche Menschen nicht einmal ihre Hausadressen, ihre Ausweisnummer oder die Telefonnummer ihrer Mutter auswendig können, wissen die sogenannten Hafiz den ganzen Koran Buchstabe für Buchstabe auswendig. Das heißt, sie können die etwa 6236 Verse bzw. die 600 Seiten oder die 114 Suren bzw. die 30 Kapitel des Korans auswendig vortragen. Wenn man das hört, ist man erstaunt, was? Nun werdet ihr etwas lesen, was euch noch mehr zum Staunen bringt. Ich bin mir sogar sicher, dass ihr das, was ich euch jetzt sage, nicht glauben werdet und es noch einmal lesen werdet! Und das ist Folgendes: Die große Mehrheit derjenigen, die den Koran auswendig gelernt haben, haben ihn im Kindesalter auswendig gelernt. Denn das Auswendiglernen im Kindesalter ist vieeel viel einfacher als das Auswendiglernen im Erwachsenenalter. Denn das Gedächtnis der Kinder ist vieeel klarer als das Gedächtnis der Erwachsenen. Aus diesem Grund würdet ihr in so einem Koran-Auswendiglern-Kurs neben ein paar erwachsenen Leuten Hunderte von Kindern sehen, die wie fleißige Bienen am Auswendiglernen sind. Was für ein Glück, einer von ihnen zu sein!

Hatim

Den ganzen Koran lesen

„Wer einen Buchstaben aus dem Buch Allahs (Koran) liest, dem wird ein Lohn für den gelesenen Buchstaben zugeschrieben. Eine gute Tat wird mit dem Zehnfachen belohnt.“
(Hadis, Tirmizi, Fedailu'l-Qur'an 16)

Den Koran von Anfang bis Ende zu lesen, nennt man Hatim. Um dies zu tun, kann man nicht mal eben den Koran zur Hand nehmen, die Eröffnungsformel aussprechen, mit der ersten Seite zu lesen anfangen und so lange lesen, bis es zu Ende ist. Denn der Koran ist kein drei- oder fünfseitiges Buch, sondern hat ganze 600 Seiten. Deshalb ist es nicht möglich, den Koran mit einem Mal von Anfang bis Ende zu lesen. Um ihn zu Ende lesen zu können, muss man sich mehrere Male an den Koran setzen. Wer allerdings glaubt: „Wie bitte! 600 Seiten? Da werde ich ja nie im Leben fertig“, der irrt sich. Jemand, der den Koran komplett von Anfang bis Ende lesen will, liest, solange er die Kraft dazu hat. Damit er nicht durcheinanderkommt und jedes Mal von vorne anfangen muss, markiert er ein Zeichen an der Stelle, an der er stehengeblieben ist. Dann macht er weiter, wann immer er die Gelegenheit hat. Damit vergehen Tage und Nächte. Zum Schluss merkt er, dass er bald an das Ende der 600 Seiten gelangt ist. Er sieht, dass für das komplette Durchlesen des Korans (Hatim) ein nur noch ganz kleines Stück übriggeblieben ist. So wird er noch aufgeregter und liest weiter. Kurze Zeit später liest er noch die Sure Nas, also die letzte Sure im Koran, und damit ist der Hatim vollständig. Er sagt „Sadaqallahu'l-azim“ und guckt stolz auf die 600 Seiten, die er gelesen hat. Es kann sein, dass er nicht genug bekommt und noch einmal die Eröffnungsformel ausspricht und mit der Sure Fatiha einen neuen Hatim beginnt.

Hatim-Gebet

Prophet Muhammed (s) sagte: „Allein das Bittgebet ist Gottesdienst für sich.“

Das Gebet, das man ausspricht, nachdem man den Koran von Anfang bis Ende gelesen hat, nennt man Hatim-Gebet. Es gibt keinen vorgeschriebenen Text für ein Hatim-Gebet, welches unbedingt eingehalten werden muss. Jeder betet nach seinem Bedarf. Einige möchten die Vergebung ihrer Sünden, einige wollen ein Haus im Paradies, manche möchten Geschwister haben, manche möchten rote Schuhe, die sie auf dem Nachhauseweg gesehen haben, andere wollen, dass ihre Katze schnell gesund wird, und andere wiederum möchten erneut den Koran von Anfang bis Ende komplett lesen … Jeder sagt das, was ihm am Herzen liegt. Es ist nicht einfach, den Koran von Anfang bis Ende zu lesen. So etwas kostet Zeit und Mühe. Deshalb sollten wir uns beim Hatim-Gebet Mühe geben. Wir sollten nicht ein oder zwei Sätze aussprechen und einen Punkt setzen. Wer weiß, wann wir wieder dazu kommen, den Koran komplett durchzulesen? Wir können sogar eine Liste für das Hatim-Gebet anfertigen. Dadurch können wir während des Koranlesens unsere Wünsche, die uns einfallen, notieren und sie beim Hatim-Gebet vor Allah aussprechen. Auch beim Hatim-Gebet sollten wir, wie bei jedem Bittgebet, großzügig sein, und nicht nur für uns, sondern auch für die Menschen aus unserer Umgebung beten. Wir können für unsere Mama, unseren Papa, unsere Geschwister, Lehrer, Freunde, Nachbarn, Verwandten, kurz gefasst für all die Menschen, die wir lieb haben, Gutes wünschen. Wir können sogar für diejenigen, unter deren Mühe dieses Buch entstanden ist, so einiges wünschen. Möge Allah unsere Bittgebete annehmen. Amin.

Hat-Kunst

Islamische Kalligraphie

„Allah ist der, der das Schreiben mit dem Schreibstift lehrte. Er lehrte den Menschen, was er nicht wusste."

(Koran: Sure 96/Alak, Vers 4-5)

Islamische Kalligraphie ist die Kunst der schönen Schrift mit den Buchstaben des Korans. Diese Kunstform wird verwendet, um Verse aus dem Koran und Überlieferungen unseres Propheten kunstvoll zu schreiben. Natürlich kann nicht jeder, der eine ordentliche Schrift hat, kalligraphisch schreiben. Diejenigen, die sich mit der Kunst der Kalligraphie beschäftigen, nennt man Hattat, das so viel bedeutet wie „Künstler mit der schönen Schrift". Nicht jeder kann ein Hattat (Kalligraphie-Künstler) werden. Denn die Kunst der Kalligraphie ist sowohl beim Erlernen als auch beim Anwenden eine äußerst schwere Kunstart. Die Kalligraphie-Künstler werden in einer Meister-Lehrling Beziehung ausgebildet. Die Lehrlinge lernen zunächst, alle Buchstaben einzeln zu schreiben. Und das ist nicht so einfach, wie es aussieht. Sogar den stäbchenförmigen Buchstaben Elif regelrecht zeichnen zu können, kann wochenlang dauern. Danach lernen sie, die Buchstaben miteinander zu verbinden. Dann lernen sie Wörter und zum Schluss Sätze zu schreiben. Dies ist dann auch für einen ehrgeizigen Schüler eine ein paar Jahre andauernde Beschäftigung. Wenn die Lehrlinge ihre Ausbildung vollenden, werden sie von zwei oder drei Meisterkünstlern geprüft. Wenn denen die Schrift gefällt, dann unterschreiben sie unter der kalligraphischen Schrift. Damit meinen sie, dass der Auszubildende es prima gemacht hat und nun einer von ihnen ist. Der glückliche Schüler, dessen Werk unterschrieben wurde, wird nun als Kalligraphie-Künstler anerkannt. Wer die Zustimmung nicht erhält, der wird, auch wenn er so schön und ästhetisch zeichnen mag, nicht als Kalligraphie-Künstler angesehen. Die Zustimmung ist hierbei sehr wichtig.

Hira-Höhle

„Lies, im Namen deines Herrn, der alles erschaffen hat! Er erschuf den Menschen aus einem Blutklumpen. Lies; denn dein Herr ist allgütig, der das Schreiben mit dem Schreibrohr lehrte. Er lehrte den Menschen, was er nicht wusste."

(Koran: Sure 96/Alaq, Vers 1-5)

Der Berg Nur befindet sich in der Nähe von Mekka. Die erste Offenbarung wurde unserem Propheten in der Höhle Hira, die sich auf diesem Berg befindet, herabgesandt. Unser Prophet nahm oft von den Menschen Abstand und zog sich in diese Höhle zurück. Im Alter von 40 Jahren war er einst erneut in dieser Höhle. Auf einmal hörte er eine Stimme, die ihn mit seinem Namen rief. Als er seinen Kopf erhob, erblickte er ein Licht, das sich überall verbreitete. Der Erzengel Gabriel stand vor ihm und sagte: „Lies!" Unser Prophet antwortete: „Ich kann nicht lesen." Nachdem Gabriel zweimal dieselbe Anweisung erteilt und zweimal dieselbe Antwort erhalten hatte, offenbarte er die ersten fünf Verse der Sure El-Alaq, beginnend mit dem Vers: „Lies, im Namen deines Herrn, der alles erschaffen hat!" So las der Prophet Muhammed mit ihm gemeinsam diese Verse. So wurde die erste Offenbarung herabgesandt und die 23 Jahre andauernde Offenbarungszeit des Korans fing an.

Diejenigen, die an das Himalaya-Gebirge oder an die Alpen denken, fragen sich, wie unser Prophet den Berg Nur hinaufgestiegen ist. Lasst mich das schnell erklären: Der Berg Nur ist kein so hoher Berg. Der Berg hat eine Höhe, die von jedem Menschen zu ersteigen ist. Außerdem ist unser Prophet auch nicht der Einzige, der den Berg hinaufgestiegen ist. Muslime, die jedes Jahr die Hadschreise antreten, kehren nicht nach Hause, ohne den Berg besichtigt zu haben.

Hölle

Dschehennem

„Und wer Allah und Seinem Gesandten den Gehorsam versagt und seine Schranken übertritt, den führt er ins Feuer; darin muss er ewig bleiben (...)“

(Koran: Sure 4/Nisa, Vers 14)

Dschehennem (Hölle) heißt der Ort, an dem diejenigen im Jenseits bestraft werden, die Allah und Seinem Propheten nicht folgen und die, die Schlechtes auf der Welt tun. Während diejenigen, die Allah leugnen, für immer im Höllenfeuer bleiben, werden jene, die Gläubige sind und Sünden begangen haben, nur solange im Höllenfeuer bleiben, bis sie ihre Sünden gebüßt haben. Danach kommen sie ins Paradies. Das Wort „Dschehennem“ ist ein Wort, das einem Menschen Furcht einflößt, sobald man es hört. Die Hölle ist so ein schauriger Ort, dass sogar die schlimmsten Gefängnisse auf der Welt fast wie Fünf-Sterne-Hotels erscheinen. Sie ist so ein heißer Ort, dass sogar die Backöfen wie Klimaanlagen wirken. Das Leid in der Hölle ist so trüb, dass neben ihm die weltlichen Sorgen wie Mückenstiche wirken. Möge Allah uns allen vom Höllenfeuer fernhalten! Amin.

Im Koran gibt es sehr viele Verse über die Hölle (Dschehennem). Aber über das Paradies (Dschennet) gibt es noch mehr Koranverse. Denn die Gnade unseres Herrn überwiegt seinen Zorn. Während im Jenseits sehr viele Menschen in die Hölle kommen müssten, wird ihnen durch das Erbarmen Allahs verziehen und sie werden daher ins Paradies gelangen. Das bedeutet aber nicht, dass wir nach eigener Lust und Laune leben können, weil Allah uns sowieso verzeihen wird. Wir sollten unser Bestes geben, damit wir auch würdig sind, auf die Gnade Allahs zu hoffen.

Iman
Glaube

„Allah ist der Beschützer der Gläubigen. Er führt sie aus der Finsternis ans Licht. (...)“

(Koran: Sure 2/Baqara, Vers 257)

Iman (Glaube) bedeutet „etwas annehmen“ oder „zustimmen“. Im religiösen Sinn bedeutet Iman, dass man an die Religion, die unser Prophet von Allah übermittelt bekam, genau in der Weise, wie sie offenbart wurde, ohne jeglichen Zweifel glaubt. Iman bedeutet nicht nur, etwas auswendig herzusagen bzw. es von irgendwo abzulesen. Auch unser Herz muss an das, was wir sprechen, glauben. So tun, als ob man glaube, nur damit wir den Leuten gefallen oder sie uns nicht ausstoßen, oder damit sie sagen, wie stolz sie auf uns sind, ist kein Iman. Auch für den eigenen Nutzen zu glauben, ist nicht in Ordnung. Iman gilt nur dann, wenn es für das Wohlgefallen Allahs getan wird.

Die Glaubensgrundsätze sind der Glaube an die Existenz und Einsheit Allahs, an seine Engel, seine Bücher, seine Propheten, den Jüngsten Tag und daran, dass das Gute und Böse von Allah erschaffen ist. Diese nennt man kurz „Amentu“ (Arabisch: Ich glaube). Man sollte an all diese Grundsätze, ohne den einen oder anderen auszuschließen, glauben. Wenn einer sagt: „Ich glaube zwar an die Engel, aber nicht an die Propheten“, so ist sein Iman nicht gültig. Außerdem ist es auch nicht in Ordnung, sich über die Glaubensgrundsätze, über die Gebote unserer Religion oder über die Überlieferungen unseres Propheten lustig zu machen. Wer sich über diese Dinge lustig macht, der hat dann kein Iman mehr, ohne es überhaupt zu merken.

In der Religion beginnt alles mit dem Iman. Möge eine Person ohne Iman nicht ein, sondern zwölf Monate im Jahr fasten, Tag und Nacht Koran lesen, am Tag nicht fünfmal, sondern zehnmal das Gebet verrichten, die Zekat im Übermaß abgeben, jedes Jahr mit Vergnügen die Hadschreise antreten; all dies hat dann keinen Sinn. Die religiösen Praktiken werden erst dann als gute Taten niedergeschrieben, wenn der Iman vorhanden ist.

Indschil
Evangelium

„Dann ließen Wir Unsere Gesandten ihren Spuren folgen; und Wir ließen ihnen Jesus, den Sohn der Maria, folgen, und Wir gaben ihm das Evangelium. Und in die Herzen derer, die ihm folgten, legten Wir Güte und Barmherzigkeit."

(Koran: Sure 57/Maide, Vers 27)

Das Buch, das Allah dem Propheten Jesus offenbart hat, heißt im Koran Indschil (Evangelium). Indschil bedeutet wörtlich „gute Nachricht". So wie der Koran wurde auch das Evangelium dem Propheten Jesus durch Offenbarung herabgesandt. Aber das Evangelium ist nicht das Evangelium, das Allah dem Propheten Jesus offenbart hat. Es ist ein Buch, das viele wahre und unwahre Informationen, mündlich übertragene Geschichten und unterschiedliche Ansichten beinhaltet. Die Jünger, also die zwölf Helfer des Propheten Jesus und die Vertreter der nachfolgenden Generation, versuchten, nach ihm die neue Religion, die er brachte, zu verbreiten. Hierfür schrieben sie auch sehr viele Texte. Es gab auch welche, die das, was sie von den Jüngern hörten, niederschrieben. So entstanden sehr viele Bücher unter dem Namen Indschil (Evangelium). Etwa 400 Jahre nach dem Propheten Jesus versammelten sich die christlichen Gelehrten und untersuchten diese Bücher. Sie haben tagelang gesucht, geforscht, gelesen, diskutiert, nachgedacht, und schließlich die vier Bücher gewählt, die ihr heiliges Buch (Neues Testament) ausmachten. Diese Bücher sind die Evangelien von Matthäus, Markus, Lukas und Johannes. Im Neuen Testament sind neben diesen Evangelien auch Briefe von Gelehrten zu finden, die von den Christen als göttliche Offenbarung betrachtet werden. In diesen Büchern befinden sich sehr viele Informationen zu religiösen, kulturellen und philosophischen Themen.

Islam

„Wahrlich, die Religion bei Allah ist der Islam."
(Koran: Sure 3/Al-i Imran, Vers 19)

Der Islam ist der Name unserer Religion, die Allah durch den Engel namens Gabriel dem Propheten Muhammed offenbart hat. Diese Religion nennt man ebenso die islamische Religion oder die Religion der Muslime. Das heilige Buch der islamischen Religion ist der Koran. Gemäß dem Koran kennt der Islam keine andere Gottheit als Allah. Der Kern der Religionen, die Allah all Seinen Propheten offenbarte, war und ist sowieso das Gleiche: Nur Allah anbeten; daran glauben, dass nach dem Tod das Leben im Jenseits beginnt; Taten vollziehen, die Allah gefallen. Unser Prophet hat den Islam so beschrieben: Aussprechen des Glaubensbekenntnisses (Schahada), das Ritualgebet, Fasten, Zekat und Hadschreise. Diejenigen, die sich zur islamischen Religion bekennen, nennt man Muslime. Unser Prophet hat den Muslim definiert als „jemanden, von dessen Taten und Worten ein anderer keinen Schaden erleidet". Demnach ist der Islam ein Glaubenssystem, das sich auf Glauben, Praxis, Regeln für die zwischenmenschlichen Beziehungen und auf Moral und Normen stützt. Um diese Religion anzunehmen, braucht man zum Glück keine Dokumente wie zehn Passfotos, beglaubigte Zeugniskopie oder Schülerausweis, Personalausweis, Meldebescheinigung … Das einzig Nötige ist das Aussprechen des Glaubensbekenntnisses, indem man dessen Bedeutung weiß und fest daran glaubt, also zu sagen: „Eschhedu en lâ ilahe illallah, we eschhedu enne Muhammeden abduhu we rasuluh." Das heißt: „Ich bezeuge, dass es keine Gottheit außer Allah gibt und dass Muhammed Sein Diener und Gesandter ist." So einfach geht's!

Kelamullah
Wort Gottes

„Und wenn alle Bäume, die auf der Erde sind, Schreibrohre wären und der Ozean (Tinte), und sieben Ozeane würden sie mit Nachschub versorgen, selbst dann könnten Allahs Worte nicht erschöpft werden.“

(Koran: Sure 31/Loqman, Vers 27)

Kelamullah bedeutet „Gottes Wort“. Selbstverständlich ähnelt das Wort Gottes nicht jenem der Menschen. Allah sprach zu Seinen Dienern. Das ist aber nicht dasselbe wie ein Gespräch zweier Menschen. Allah spricht zu den Menschen mithilfe Seiner Propheten; und zu Seinen Propheten spricht er durch Offenbarungen. Ist die Rede von Kelamullah, also Gottes Wort, so versteht man darunter Schriften – wie die Thora, das Evangelium und den Koran, Seiten und Verse, die durch Offenbarungen an die Propheten herabgesandt wurden. Man versteht aber darunter vor allem den Koran, weil er das einzige unveränderte Wort Gottes ist. Auch die Bücher, die vor dem Koran herabgesandt wurden, lu den die Menschen zum Pfad Gottes ein. Mit der Zeit jedoch beachteten die Menschen diese Bücher nicht. Sie haben sie verändert, durcheinandergebracht oder vernichtet. Nur der Koran blieb unverändert. Stellt euch das mal vor: Seit 1400 Jahren wurde im Koran nicht mal ein einziger Buchstabe verändert. Dass er von nun an bis zum Jüngsten Tag auch nicht mehr verändert wird, gibt uns Allah bekannt. Da der Koran von Anfang bis Ende Wort Gottes ist, ähnelt er keinem anderen Wort. Ein Wort wie dieses kann nicht noch einmal gesagt werden. Auch wenn sich alle Menschen zusammentun, können sie trotzdem kein ähnliches Wort wie ihn hervorbringen. Wenn alle Menschen zusammentreffen, kommt sowieso nur Uneinigkeit zustande. Sie würden kein ähnliches Wort wie den Koran zustande bringen können, geschweige denn einen gemeinsamen Satz hervorbringen.

Kitab
Buch

„Wahrlich, zu dir haben Wir das Buch mit der Wahrheit niedergesandt, auf dass du zwischen den Menschen richten mögest, wie Allah es dir gezeigt hat."
(Koran, Sure 4/Nisa, Vers 105)

Bestimmt gibt es nicht einen Einzigen unter uns, der die Bedeutung des Wortes „Buch" nicht kennt. Wenn es einen gibt, dann kann er eine Vorstellung bekommen, wenn er das Objekt anguckt, das er gerade liest. Das, was ihr in den Händen haltet, ist ein Buch. Genau solche Objekte, die mit oder ohne Band sind, aus gedruckten oder beschrifteten Seiten bestehend, nennt man Bücher. Wenn man von Büchern spricht, können einem verschiedene Bücher einfallen. Den Hungrigen unter uns fällt möglicherweise ein Kochbuch ein; die Schüler denken vielleicht an Schulbücher und die Kinder an Malbücher. Aber wenn es einen Bezug zum Islam gibt, dann fällt jedem das eine Buch ein: nämlich unser heiliges Buch, der Koran. Das Wort „Buch" kommt im Koran 261 Mal vor und wurde in verschiedenen Bedeutungen benutzt. Manchmal ist die Thora, manchmal das Evangelium und manchmal sind andere einfache Bücher gemeint. Aber am meisten wird damit der Koran gemeint.

Egal, ob Koran, Thora oder Evangelium; alle göttlichen Offenbarungsschriften wurden von Allah, unserem erhabenen Herr, herabgesandt. So wie Allah manchen Seiner Propheten Bücher offenbarte, sandte Er manchen nur Seiten herab. Natürlich wurden diese Bücher und Seiten den Propheten nicht als geschriebene Schriften herabgesandt. Sie wurden Wort für Wort in ihre Herzen offenbart. Später haben die Menschen diese Bücher in Schrift umgesetzt. Unter diesen Büchern und Seiten kam nur der Koran in unveränderter Weise bis in die Gegenwart.

Koran

„Und Wir haben dir das Buch zur Erklärung aller Dinge herniedergesandt, und als Führung und Barmherzigkeit und frohe Botschaft für die Gottergebenen."

(Koran: Sure 16/Nahl, Vers 89)

Der Koran ist das heilige Buch, das der erhabene Allah in 23 Jahren durch Offenbarungen unserem Propheten Muhammed auf Arabisch herabgesandt hat. Der Koran ist das letzte der göttlichen Offenbarungsbücher. Er ist von Anfang bis Ende das Wort Gottes. Obwohl er vor Jahrhunderten herabgesandt wurde, ist keine einzige der 114 Suren oder 6236 Verse oder 77449 Wörter oder 323015 Buchstaben verändert worden. Das heißt, der Koran, den unser Ur-Ur-Ur-Ur-Ur-Großvater gelesen hat, ist identisch mit unserem heutigen Koran, den wir lesen. Allah sagt, dass der Koran auch bis zum Jüngsten Tag unverändert bleiben wird. Das heißt wiederum, dass das Kind des Kindes des Kindes des Kindes unseres Kindes denselben Koran lesen wird. Und obwohl er jahrhundertelang unverändert blieb und auch bleiben wird, wird er nie veralten oder seine Gültigkeit verlieren. Ist das nicht ein Wunder?

Allah sandte den Koran als Rechtleitung für die Menschen herab. Derjenige, der dem Koran folgt, wird sowohl in diesem Leben als auch im nächsten Leben im Jenseits glücklich sein. Im Koran stellt sich Allah vor. Er gibt Seine Gebote und Verbote bekannt, damit wir sie befolgen. Er teilt uns unsere Aufgaben mit, die wir gegenüber Ihm, uns selbst, unserem Umfeld und den anderen Geschöpfen haben. In unserem Buch kommen auch Themen wie Glauben, Ethik und Moral, religiöse Praxis, der Zustand im Jenseits derer, die Allah befolgen und nicht befolgen, lehrreiche Geschichten über frühere Völker und Informationen zum Leben nach dem Tod vor.

Koranische Erzählung
Qissa

„Es sind Gesandte, von denen Wir dir bereits berichtet haben, und Gesandte, von denen Wir dir nicht berichtet haben."

(Koran: Sure 4/Nisa, Vers 164)

Qissa bedeutet Geschichte bzw. Erzählung. Aber wenn Qissa in diesem Wörterbuch vorkommt, dann sollten uns keine Märchen oder gewöhnlichen Geschehnisse einfallen. Qissa sind lehrreiche und Rat gebende Erzählungen, die im Koran vorkommen und über Gemeinschaften berichten, die vor uns lebten. All diese Geschichten haben in Wahrheit stattgefunden. Allah hat allen Völkern seit dem Propheten Adam mithilfe Seiner Propheten den geraden Weg gezeigt. Manche Menschen folgten den Vorschriften der Propheten und erlangten das Paradies. Einige jedoch folgten ihrem Ego und hielten die Propheten für Lügner; sie leugneten Allah und zerstörten damit ihr Leben im Jenseits. Da die Menschen einander ähneln, machen sie immer die gleichen Fehler. Damit das sich nicht wiederholt, teilte uns Allah diese lehrreichen Geschichten mit. Im Koran wird über die Geschichten der Propheten Adam, Nuh (Noah), Hud, Salih, Ibrahim (Abraham), Isma'il (Ismael), Ishak (Isaak), Lut (Loat), Yakub (Jakob), Yusuf (Josef), Schuayb (Jitro), Musa (Moses), Dawud (Dawid), Suleyman (Salomo), Idris (Henoch), Loqman, Zulkifl, Ilyas, Uzeyir, Eyyub (Hiob), Yunus (Jonas), Zekeriya (Zacharias), Yahya (Johannes), Isa (Jesus), Muhammed und von den früheren Völkern berichtet. Da der Koran kein Geschichtsbuch und keine Enzyklopädie ist, findet man in diesen Erzählungen keine Details wie etwa: „Jahr: 1256 v. Chr.; Ort: 55 Grad südlich von Mesopotamien; Jahreszeit: Sommer; Temperatur: 45 °C; Feuchtigkeitsgrad: 30 %". Wichtig ist es, eine Lehre aus der jeweiligen Geschichte zu ziehen.

Koranlesen
Qira'a

„(...) und trage den Koran vor, wie es sich gehört!"

(Koran: Sure 73/Muzzemmil, Vers 4)

Qira'a ist das Lesen des Korans nach bestimmten Regeln und Merkmalen. Da der Koran unser heiliges Buch ist, legen wir großen Wert darauf, ihn in einer schönen

Weise vorzutragen. Unser Prophet sagte: „Schmückt den Koran mit euren Stimmen"; das heißt, dass wir ihn mit einer schönen Stimme und in einer richtigen und sorgfältigen Weise lesen sollen. Was hat das also zu bedeuten? Wir sollen beim Koranlesen die Wörter nicht durcheinanderbringen und sie nicht undeutlich lesen; wir sollen nicht mit einer sehr lauten Stimme rezitieren und die Nachbarn stören; wir sollen auch nicht flüsternd den Koran lesen und dafür sorgen, die Menschen um uns herum und uns selbst zu ermüden … Natürlich brauchen wir auch keine Extraausbildung dafür, dass wir den Koran in einer schönen Weise rezitieren. Hauptsache ist, dass wir stets im Bewusstsein sind, dass der Koran Gottes Wort ist und wir das nötige Interesse zeigen, die Regeln des Rezitierens gut lernen und anwenden und versuchen, die Buchstaben richtig auszusprechen. Die Wörter sind, so gut es geht, richtig und schön auszusprechen, klar und deutlich zu lesen. Wir sollten unser heiliges Buch möglichst so lesen, dass wir über seine Bedeutung und Botschaft nachdenken.

Eine andere Bedeutung des Begriffs Qira'a ist das Lesen aus dem Koran im Ritualgebet. Es ist Pflicht, beim Ritualgebet Verse aus dem Koran zu lesen. Um das tun zu können, sollte man auch genügend Koranverse auswendig lernen. Muslime lesen generell die kurzen Suren im letzten Kapitel des Korans. Aber klar können wir auch andere Suren auswendig lernen und lesen. Dafür gibt es 6236 Verse. Die Auswahl ist groß; lernt und lest diejenigen, die ihr euch ausgesucht habt.

Koranrezitation
Tilawe

„Darum folge seiner Verlesung, wenn Wir ihn verlesen lassen."
(Koran: Sure 75/Kiyame, Vers 18)

Das richtige Lesen, also Rezitation des Korans, mit schöner und deutlicher Stimme nennt man Tilawe. Ein stotterndes oder stockendes, nicht flüssiges Lesen oder ein zu lautes oder murmelndes Rezitieren sind kein Tilawe. Allem vorweg: Es wird Gottes Wort gelesen – das erhabenste der Worte. Daher sollte man es so lesen, wie es sich gehört.

Wir sollten den Koran öfter lesen und darüber nachdenken. Dafür kann man sich der Koranübersetzungen bedienen. Koranrezitation wird vor oder nach einem religiösen Vortrag, in besonderen Nächten (Kandil), bei Treffen zu besonderen Anlässen auf jeden Fall vorgetragen. Derjenige, der den Koran vor einer Gemeinschaft rezitiert, sollte zuallererst eine schöne und klare Stimme haben. Er sollte in der Lage sein, den Koran mit Tedschwid (richtige Koran-Leseart) und Machredsch (richtige Aussprache arabischer Buchstaben) zu lesen. Es sollte möglichst fehlerfrei lesen können. Während der Tilawe sprechen die Zuhörer nicht miteinander, schreiben keine SMS-Nachrichten; sie kümmern sich nicht darum, wer wie gekleidet ist oder wer was isst, und schlafen nicht ein … Kurz und gut: Ihre einzige Aufgabe ist es, der Koranrezitation zuzuhören. Falls sie die Bedeutung der Koranverse kennen, sind sie in tiefes Nachdenken versunken. Sie denken über die Erhabenheit Allahs und die Schönheit der Worte nach. Sie lauschen dem Koran, indem sich ihre Herzen mit Glückseligkeit füllen.

Koranschule

Prophet Muhammed (s) sagte:
„Der Beste unter euch ist derjenige, der den Koran lernt und lehrt."

Die Kurse, in der man das Koranlesen lernt, nennt man „Koranschule". Diese Kurse werden unter anderem tagsüber, mit Übernachtung, im Winter, im Sommer, am Wochenende, unter der Woche, in der Moschee angeboten. Kurz gefasst: Es gibt auf jeden Fall für alle, die das Koranlesen lernen wollen, die geeignete Alternative. Für diese Kurse gibt es Schüler in fast jedem Alter, jedem Beruf und von überall. Manche Schüler sind noch so jung, dass das Koranexemplar, das sie tragen, größer als sie selbst ist; andere sind wiederum so alt, dass sie mithilfe eines Gehstocks zum Kurs kommen. Nach Unterrichtsschluss gehen manche zum Fußballspielen; andere rennen nach Hause zum Essen. Einige der Koranschüler wollen den Koran auswendig lernen und Hafiz werden; andere gehen zum Kurs, um ihn nur lesen zu können; und einige wiederum meinen: „Zuerst lerne ich lieber das Lesen, danach lerne ich ihn vielleicht auswendig." In den Koranschulen gibt es keinen Unterricht von morgens bis abends. Die Schüler klagen nicht über zu viele Hausaufgaben. Es gibt auch nicht jeden Tag eine schriftliche oder mündliche Prüfung. Die Lehrer beschäftigen sich mit jedem Schüler einzeln. Jeder Schüler wird entsprechend seinem Niveau unterrichtet. In der Koranschule werden neben dem Koranlesen auch verschiedene Bittgebete und Koransuren auswendig gelernt und Islamwissen angeeignet.

Würdest du nicht zu den besten Menschen zählen wollen, die unser Prophet gelobt hat? Na, was meinst du? Wenn ja, dann laden wir dich zur nächstgelegenen Koranschule ein.

Koranübersetzung

„Wir haben die offenbarten Zeichen in ihrer Vielfalt klar und deutlich gestaltet, damit die Menschen, die nachdenken können, sie verstehen.“

(Koran: Sure 6/En'am, Vers 126)

Meal bedeutet die Übertragung bzw. Übersetzung der Koranverse in eine andere Sprache. Damit auch diejenigen, die kein Arabisch können, wissen, was in unserem heiligen Buch geschrieben steht, wurde der Koran in verschiedene Sprachen übersetzt. Aber diese Übersetzungen unterscheiden sich von anderen Übersetzungen. Da der Koran Gottes Wort ist, ist es für die Menschen nicht möglich, ein ähnliches Wort zu finden. Die Verse im Koran sind vom Schreibstil her nicht wie Texte, die von Menschen geschrieben wurden. Außerdem können die Verse mehrere Bedeutungen haben. Daher ist es unmöglich, den Koran in eine andere Sprache zu übersetzen, ohne dass er an Bedeutung und Stil verliert. Deswegen spricht man nicht von Koranübersetzungen, sondern Koranübertragungen (Meal). In diesen Übertragungen kann es Mängel geben. Die übertragene Bedeutung ist nicht die exakte Bedeutung, sondern eine Bedeutung, die dem Original am nächsten ist.

Gäbe es keine Koranübertragungen, müsste jeder, der die Gebote Allahs im Koran kennen will, Arabisch lernen. Oder wir müssten eine arabischsprechende Person finden und sie nach der Bedeutung jedes einzelnen Verses befragen. Da nicht jeder, der Arabisch kann, den Koran auch verstehen würde, wäre es ziemlich schwer für uns. Damit es Muslime einfach haben, wurde der Koran auch in andere Sprachen übertragen. Da es in jedem Volk Muslime gibt, kann man Koranübertragungen in fast allen Sprachen, von Chinesisch über Flämisch bis hin zu Russisch und Spanisch finden.

Leyletul-qadr
Nacht der Bestimmung

„Wir sandten ihn (den Koran) in der Nacht der Bestimmung herab. Woher kannst du wissen, was die Nacht der Bestimmung ist? Die Nacht der Bestimmung ist besser als tausend Monate."

(Koran: Sure 97/Qadr, Vers 1-3)

Die Nacht der Bestimmung ist die heilige Nacht, in der die Herabsendung des Korans begonnen hat. Diese Nacht ist so gesegnet, dass bis zur Morgendämmerung die Engel strömend herunterkommen. Allah nimmt die Bittgebete an, schreibt für die Gottesdienste gute Verdienste zu und vergibt den Reumütigen. Unser Prophet hat das genaue Datum der Nacht der Bestimmung nicht verraten, damit wir jede Nacht des Monats Ramadan als Nacht der Bestimmung empfinden und daher reichlich beten. Es gibt verschiedene Hadise, die darauf hindeuten, dass diese Nacht die 27. bzw. 17. bzw. eine der Nächte zwischen der 20. und 30. Nacht des Monats Ramadan ist. Jahrhundertelang feiern die Muslime die 27. Ramadannacht als die Nacht der Bestimmung. Sie sind sich aber bewusst, dass die Nacht der Bestimmung auch eine andere Nacht sein kann, und verbringen

andere Nächte mit so vielen Gottesdiensten wie möglich. Wer will denn schon die Nacht, die einmal im Jahr vorkommt und besser als tausend Monate ist, verpassen? Derjenige, der diese Nacht erreicht, kann sehr viele gute Verdienste erlangen. Die Menschen legen so einen großen Wert auf die Nacht der Bestimmung, dass man über Leute, bei denen alles immer gut verläuft, sagt, sie seien in der Nacht der Bestimmung geboren. Wenn jemand im Leben immer Glück hat, so lautet die allererste Frage: „Wurdest du denn in der Nacht der Bestimmung geboren?" Vielleicht wurden wir nicht in der Nacht der Bestimmung geboren, aber die Chance für die Erlangung der Nacht der Bestimmung und Erfüllung verschiedener Gottesdienste in dieser Nacht haben wir immer noch. Auf geht's!

Machredsch

Aussprache

„(…) und trage den Koran vor, wie es sich gehört!“
(Koran: Sure 73/Muzzemmil, Vers 4)

Machredsch bedeutet die richtige Aussprache der Buchstaben. Jede Sprache hat für sich bestimmte Laute. Dass manche Buchstaben in den unterschiedlichen Sprachen ähnlich oder gleich sind, bedeutet nicht, dass sie auch dieselben Laute hervorbringen. Zum Beispiel kann der Buchstabe A, der in unserer Sprache einen a-Laut gibt, in einer anderen Sprache einen e-Laut geben. Wenn ihr meint, dass das ein A und kein E ist, dann könnt ihr noch mehr durcheinander geraten, wenn ihr erfahrt, dass in jener Sprache entsprechend der Buchstabe E einen i-Laut gibt. Wenn wir eine Sprache nicht im jungen Alter gelernt haben, dann können wir uns bei der Aussprache der Laute dieser Sprache schwertun. Deshalb merken wir sofort an der Aussprache derjenigen, die unsere Sprache in späteren Jahren gelernt haben, dass sie fremd in der Sprache sind. So sehr sie auch dieselben Wörter wie wir sprechen, können sie doch die Buchstaben nicht so aussprechen wie wir.

Das Lesen des Korans ist ein Gottesdienst. Damit auch diejenigen, die kein Arabisch können, unser heiliges Buch fehlerfrei lesen können, sollten sie die richtige Aussprache der Buchstaben lernen und die Laute nachahmen. Beim Koranunterricht werden die

Buchstaben mit Machredsch, also mit der richtigen Aussprache gelehrt. Am einfachsten lernt man Machredsch im jungen Alter. Je älter man wird, desto schwieriger werden die akustische Unterscheidung zwischen den verschiedenen Lauten und die Aussprache dieser Laute.

Mekka

„Wahrlich, das erste Haus, das für die Menschen gegründet wurde, ist das in Mekka – ein gesegnetes und eine Leitung für die Welten."

(Koran: Sure 3/Al-i Imran, Vers 96)

Mekka ist die heilige Stätte, die sich im Westen der Arabischen Halbinsel befindet und das Zentrum der muslimischen Ur-Gemeinde bildete. Es gibt so viele Dinge, die diese Stätte heilig macht: Unsere Gebetsrichtung, die Kaaba, befindet sich dort. Unser Prophet wurde in dieser Stadt geboren, aufgewachsen und hat einen großen Teil seines Lebens wieder hier verbracht. Hier begann die Herabsendung des Korans. Die ersten Muslime haben in dieser Stadt gelebt.

Als unserem Propheten die Prophetenschaft gegeben wurde, fing er an, den Islam in Mekka zu verkünden. Die Polytheisten (Menschen, die an mehrere Götter glauben), die sahen, wie das Volk allmählich in Scharen zum Islam übertrat, gerieten in Panik. Um die Verbreitung des Islam zu verhindern, haben sie unseren Propheten und die Gläubigen auf unterschiedlichste Weise gequält. Als die Leiden ein unerträgliches Ausmaß erreichten, wanderte unser Prophet mit den Gläubigen von Mekka nach Medina aus. Die Trennung von Mekka, der Stadt, in der der Prophet geboren und aufgewachsen ist, machte ihn sehr traurig. Während der Auswanderung betrachtete er aus der Ferne die Stadt Mekka und sagte: „Oh Mekka! Wenn ich nicht gezwungen wäre, würde ich nicht gehen. Es gibt für mich keinen schöneren und lieberen Ort als dich!" Die Sehnsucht des Propheten nach Mekka dauerte mit der Erlaubnis Allahs nicht sehr lange. In Kürze nahmen die Muslime mit der Führung unseres Propheten die Stadt Mekka friedlich ein.

Jedes Jahr eilen nach Mekka Millionen von Muslimen in unterschiedlichen Farben und Sprachen aus unterschiedlichen Orten der Welt, um den Hadsch zu vollziehen und die heiligen Stätten zu besuchen. Inschaallah (Wenn Allah es will) können wir auch zu denen gehören.

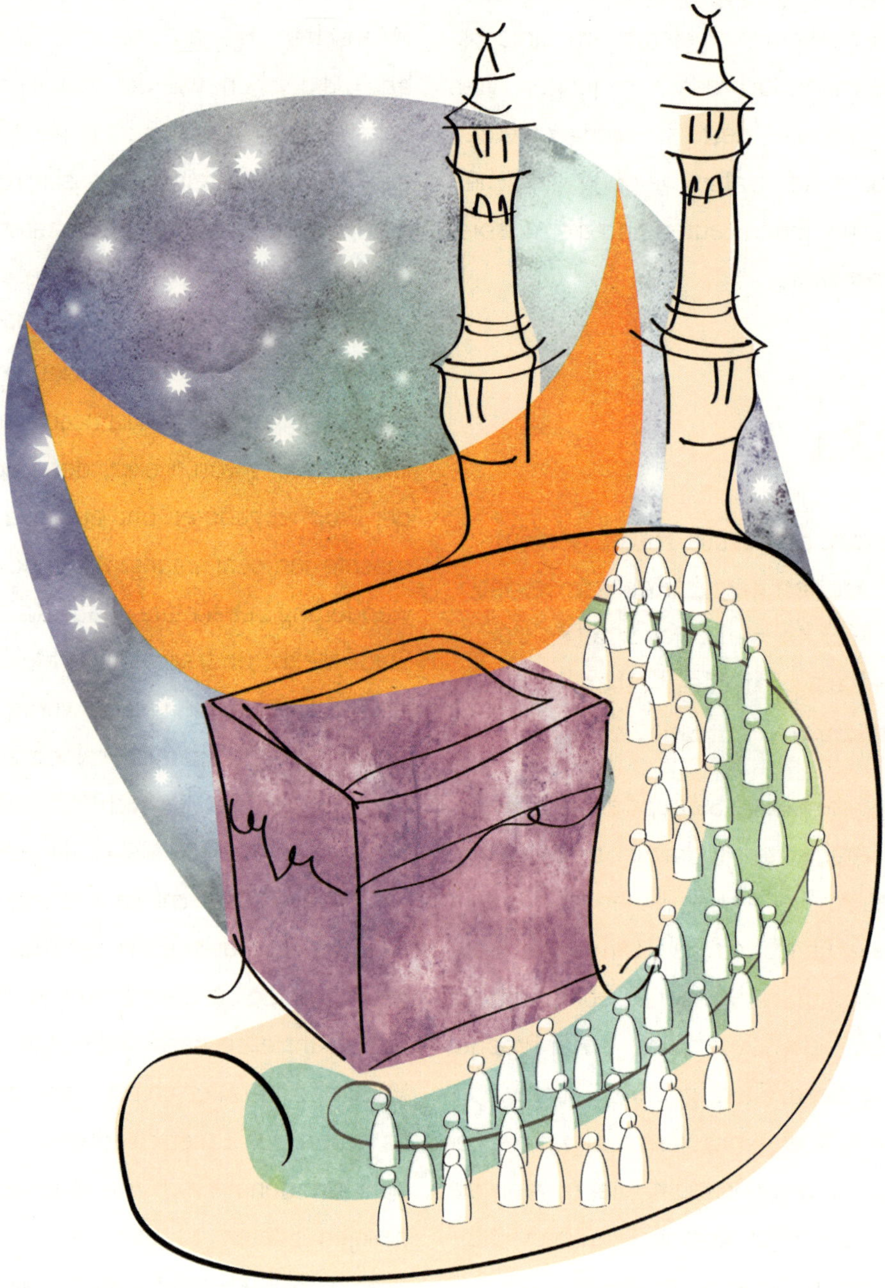

Mekkanische und medinensische Koranverse

„So haben Wir dir den Koran auf Arabisch offenbart, damit du die Menschen der Mutter der Städte, und in den umliegenden Gebieten warnst.“

(Koran: Sure 42/Schura, Vers 7)

Mekka und Medina sind zwei Städte, die sich auf der Arabischen Halbinsel befinden. Da diese Städte das Zentrum der islamischen Welt bilden und wegen der historischen Stätten, gelten sie als heilig. Unser Prophet wurde in der Stadt Mekka geboren. In dieser Stadt wurde unser lieber Prophet Muhammed von Allah zum Propheten berufen. Unser Prophet hat jahrelang den Islam in dieser Stadt verkündet. Die Zahl derjenigen, die an ihn glaubten, stieg von Tag zu Tag an. Die in Mekka lebenden Polytheisten quälten die Muslime in unvorstellbarer Weise. Aus diesem Grund wanderte unser Prophet mit den Gläubigen von Mekka nach Medina aus. In der Geschichte nennt man dieses Ereignis „Hidschra" (die Auswanderung). Der Koran wurde unserem Propheten innerhalb von dreiundzwanzig Jahren herabgesandt. Am Anfang wurden unserem Propheten Verse in Mekka herabgesandt. Nach der Auswanderung ging es auch in Medina mit der Herabsendung von Versen weiter. Genau deshalb werden die vor der Hidschra in Mekka offenbarten Verse „mekkanische Verse", und die nach der Hidschra offenbarten Verse „medinensische Verse" genannt. Da die Mehrheit der Mekkaner zur Zeit der Offenbarung des Korans Ungläubige waren, wurden sie generell mit „Oh ihr Menschen" angesprochen. Und da die Menschen in Medina mehrheitlich Muslime waren, wurden sie mit „Oh ihr Gläubigen" angesprochen. Ob ein Vers mekkanisch oder medinensisch ist, kann man erkennen, wenn man auf den Anfang der jeweiligen Sure schaut. Am Anfang jeder Sure steht nämlich, ob sie mekkanisch oder medinensisch ist.

Moses (a.s.)

„Moses sprach: ‚Pharao! Ich bin ein Gesandter Gottes, des Herrn der Welten.'"

(Koran: Sure 7/A'raf, Vers 104)

Moses (Musa) ist der Prophet, dessen Name im Koran am häufigsten erwähnt wird. Ganze 136-mal kommt sein Name im Koran vor. Der erhabene Allah entsandte den Propheten Moses zu einem Volk namens „Kinder Israels". Die Kinder Israels lebten in Ägypten. Dort war ein Pharao – ein grausamer Herrscher – an der Macht. Die Pharaonen dachten, sie selbst seien Götter. Während sie im Überfluss lebten, lebte ihr armes Volk im Elend. Als Moses Prophet wurde, war sein größter Feind selbstverständlich der damalige Pharao. Obwohl der Prophet Moses viele Wunder vollbrachte, hat ihm der Pharao, weil er dumm war, nicht geglaubt. Er ging sogar so weit, dass er Moses der Zauberei beschuldigte. Moses verließ Ägypten mit den ihm glaubenden Menschen von den Kindern Israels. Der Pharao folgte ihnen mit seinen Soldaten, um sie zu ergreifen. Genau zu dem Zeitpunkt, als sie die Kinder Israels vor dem Roten Meer in die Enge trieben, teilte sich das Meer mit der Erlaubnis

Allahs in zwei Hälften. Hinter Moses überquerten die Söhne Israels das Meer in Ruhe. Als der Pharao mit seinen Soldaten dabei war, das Meer zu durchqueren, schloss sich das Meerwasser – mit der Erlaubnis Allahs – wieder. Der Pharao und seine Soldaten kamen nicht wieder aus dem Wasser heraus. Auch nachdem Moses den Pharao los war, fand er keine Ruhe. Dieses Mal beschäftigte er sich mit den ihm glaubenden Menschen von den Kindern Israels, die sich immer wieder den Geboten Allahs widersetzten.

Mufessir

Korangelehrter

„(...) und zu dir haben Wir den Koran herabgesandt, auf dass du den Menschen erklärst, was ihnen herabgesandt wurde, und auf dass sie nachdenken mögen."

(Koran: Sure 16/Nahl, Vers 44)

Mufessir bedeutet „der Erklärende", „der Interpret". So nennt man jemanden, der den Koran erläutert, also ihn auslegt. Da die Koranverse Gottes Worte sind, kann man sie nicht mit menschlichen Worten vergleichen: nicht in der Art, wie sie etwas sagen, und nicht in dem, was sie bedeuten. Der Koran erwähnt Ereignisse, die nicht jeder Mensch kennt. Daher kann man einige Verse mit einfachem Durchlesen nicht verstehen, wenn es keinen gibt, der sie erklärt. Und genau aus diesem Grund wird ein Mufessir gebraucht. Er erklärt den Menschen klar und deutlich, was Allah mit den offenbarten Versen meint. Im Koran gibt es so viele versteckte und nicht ganz verständliche Bedeutungen, dass viele Bücher zur Auslegung des 600-seitigen Korans geschrieben wurden. Der erste und größte Mufessir ist unser Prophet. Immer wenn Koranverse herabgesandt wurden, übermittelte unser Prophet die Verse den Muslimen. Danach erklärte er sie so, dass jeder sie verstehen konnte. Wenn jemandem eine Stelle unklar war, fragte er sofort unseren Propheten. Auch nach unserem Propheten gab es große Mufessirs. Selbstverständlich reicht das Beherrschen der arabischen Sprache nicht aus, um ein Mufessir zu werden. Tafsir (Koranauslegung, Koranexegese) ist eine Wissenschaft und der Mufessir ein Wissenschaftler. Man muss sich jahrelang Wissen aneignen, um Mufessir werden zu können. Bei ganz schwierigen Textstellen sitzt ein Mufessir tagelang, ja sogar monatelang an einem Koranvers, um seine Bedeutung wiedergeben zu können. Möge Allah mit ihnen allen zufrieden sein. Amin.

Muhammed (s)

„Muhammed ist der Gesandte Allahs."

(Koran: Sure 48/Fetih, Vers 29)

Wo sollen wir überhaupt ansetzen, wenn wir über den Propheten Muhammed erzählen wollen? Er ist der Diener und Prophet Gottes; der letzte für die Menschheit gesandte Prophet; der höchste aller Propheten; der Prophet, dessen Charakter Allah selbst lobte. Er ist der Prophet, der an die ganze Menschheit gesandt wurde, während alle anderen Propheten jeweils zu ihren eigenen Völkern gesandt wurden. Er ist der Herr der Welten und der Prophet, der als Barmherzigkeit für die Welten entsandt wurde. Er ist der Prophet, für den der Koran herabgesandt wurde, und der Mensch, der jeden Vers im Koran vorlebte. Er ist der Prophet, dessen Ankunft schon im Evangelium verkündet wurde. Er ist der Mensch, dessen Geburtstags wir auch nach vierzehn Jahrhunderten gedenken. Er ist der Prophet, der in der Nacht der Himmelfahrt seinen Herrn, Allah, sah. Er ist der einzige Sohn von Abdullah und Amine und der geliebte Enkel von Abdulmuttalib. Er ist in jeder Hinsicht ein Vorbild für die Menschen und derjenige, der mit edlem Charakter erschaffen wurde. Er ist der Schönste unter den Menschen. Er ist der Mensch, der nie ein schlechtes Wort gesagt hat, anderen nie das Herz brach, immer ein Lächeln im Gesicht hatte, der ehrlich war und sowohl bei gläubigen als auch bei ungläubigen Menschen als „der Vertrauenswürdige" („el-Emin") galt. Er ist der Mensch, der als guter Bote am Tag des Jüngsten Gerichts den Menschen beistehen wird, bevor sie die Hoffnung verlieren. Er ist der Prophet, der sich nach seiner Gemeinschaft (Umma) sehnen wird, wenn er nach seinem Wunsch gefragt wird. Welch ein Glück für uns, zur Gemeinschaft eines solchen Propheten zu gehören!

محمد
عليه السلام

Mushaf

Koranexemplar

„Wenn Wir dir auch eine Schrift auf einem Blatt Papier herabgesandt hätten, welche sie mit Händen angefasst hätten, die Ungläubigen hätten selbst dann gesagt: ‚Das ist nichts als offenkundige Zauberei.'"

(Koran: Sure 6/En'âm, Vers 7)

Das Buch, in dem der komplette Koran geschrieben ist, nennt man Mushaf. Der Koran wurde unserem Propheten nicht als gebundenes Buch herabgesandt, mit einem Umschlag aus Glanzpapier; man konnte ihn nicht sehen und nicht anfassen wie den Koran, der heute als Mushaf üblich ist. Aber man konnte ihn hören: Er wurde mündlich und abschnittsweise offenbart. Diese herabgesandten Verse wurden von manchen Muslimen sofort auswendig gelernt und von anderen Muslimen auf Materialien wie Papier, feinem Leder oder Blättern niedergeschrieben. Nach dem Tod unseres Propheten sind in einem Krieg vierzig Hafiz (Personen, die den ganzen Koran auswendig können) auf einmal ums Leben gekommen. Daraufhin rief Abu Bakr, der damalige Kalif, die übrigen Hafiz zusammen und sammelte die geschriebenen Verse, um den Koran in die Form eines Buches zu bringen. Er bildete eine Kommission und ließ den kompletten Koran auf Papier schreiben. So entstand der erste Mushaf. Die Richtigkeit der Verse und ihre Stellen im Mushaf wurden von den Hafiz sorgfältig kontrolliert. Mit der raschen Verbreitung des Islam war ein einzelnes Mushaf-Exemplar nicht ausreichend. Immer mehr Kopien des Mushaf wurden angefertigt. Während anfangs mit der Hand geschrieben wurde, wurde der Koran Jahrhunderte später in Druckereien vervielfältigt. Nun gibt es bei jedem Muslim mindestens einen Mushaf zu Hause. Millionen, ja sogar Milliarden von Mushafs, die bis heute geschrieben bzw. gedruckt worden sind, haben alle denselben Inhalt.

Nûr (Licht)

Name des Korans

„Diejenigen, die an ihn glauben, die ihm (dem Propheten) beistehen, ihm zum Sieg verhelfen und dem Licht folgen, das mit ihm herabgesandt worden ist, sind die Erfolgreichen."
(Koran: Sure 7/A'raf, Vers 157)

Nûr bedeutet Helligkeit, Licht, Glanz. Deshalb sagt man im Türkischen zu glänzenden und glitzernden Dingen, dass sie wie Nûr sind. Beispielsweise verwendet man den Begriff Nûr für neugeborene gesunde Babys oder für liebenswerte ältere Menschen. Die Menschen, die wir lieb haben, sind unser „Augenlicht"; für die lieben Menschen, die wir verloren haben, wünschen wir, dass sie im Licht/Nûr ruhen mögen.

Das Wort Nûr ist gleichzeitig einer der Namen des Korans. Der Koran ist das Licht (Nûr), weil er uns selbst erleuchtet und zu dem unsere Welt, unser Leben und unser Leben nach dem Tod beleuchtet. Der dem Koran folgende Mensch wird erleuchtet. Unser edles Buch ist für die Gläubigen sowohl im Diesseits als auch im Jenseits ein wegweisendes Licht. Alles, was nicht dem Koran entspricht, ist Dunkelheit. Es verdunkelt unser Inneres, Äußeres, unser Leben und unser nächstes Leben. Diejenigen, die diesem edlen Buch nicht folgen, ähneln denjenigen, die in einem dunklen Tunnel laufen. Sie verlaufen sich. Sie laufen einmal in die eine Richtung, einmal in die andere und stoßen sich überall.

Man muss sich nach dem Koran richten, um vom Licht des Korans zu profitieren. Leben wir so, wie es uns der Koran vorzeigt, so wird sowohl unser diesseitiges als auch jenseitiges Leben erleuchtet. Auch unser Gesicht und unsere Seele glänzen dann.

Offenbarungsschreiber

„Wenn Wir dir auch eine Schrift auf einem Blatt Papier herabgesandt hätten, welche sie mit Händen angefasst hätten, die Ungläubigen hätten selbst dann gesagt: ‚Das ist nichts als offenkundige Zauberei.'"
(Koran: Sure 53/Nedschm, Vers 4)

Der Prophet bat einige seiner Gefährten, die Offenbarungen Allahs aufzuschreiben. Diese Gefährten nennt man Offenbarungsschreiber („Vahiy katibi"). Die herabgesandte Offenbarung prägte sich auch in das Gedächtnis unseres Propheten ein. Deshalb hat er nie einen Vers vergessen oder mit einem anderen verwechselt. Auch viele Menschen um ihn herum lernten die Offenbarungen auswendig. Aber wie sagt man so schön? „Einmal geschrieben ist besser als zehnmal gelernt." Genau aus diesem Grund wollte unser Prophet von einigen seiner Freunde, dass sie die Offenbarungen aufschreiben. Der erste Offenbarungsschreiber in Mekka war Abdullah ibn Sa'd, und der erste in Medina Zeyd ibn Sabit. Unser Prophet hatte etwa vierzig Offenbarungsschreiber. Die Offenbarungsschreiber, deren Namen uns am vertrautesten sind, sind Abu Bakr, Omar, Osman und Ali.

Zu jener Zeit gab es natürlich keine Schreibwaren wie geschmücktes Briefpapier, karierte oder linierte Hefte, DIN-A4-Blätter oder Notizblöcke. Deswegen haben die Offenbarungsschreiber die Koranverse auf verarbeitetes Leder, Stoffstücke und Datteläste geschrieben. In der Zeit des Kalifen Abu Bakr wurden die geschriebenen Verse zusammengefügt. So entstand der Koran als Buch.

Paradies
Dschennet

„Diejenigen aber, die glauben und gute Werke tun, werden die Bewohner des Paradieses sein. Darin werden sie ewig bleiben.“
(Koran: Sure 2/Baqara, Vers 82)

Paradies (Dschennet) nennt man den wunderschönen Ort im Jenseits, in den Allah jene Menschen aufzunehmen verspricht, die an ihn glauben und gute Taten vollbringen. Wörtlich bedeutet Dschennet Garten. Wie der Koran uns mitteilt, ist Dschennet voll von Flüssen, die süßer als Honig sind; es ist voll mit köstlichem Wasser und unterschiedlichen schönen Früchten, Bäumen, Feldern, Gewändern, Ornamenten und Prachthäusern. Alle schönen Sachen, die uns einfallen, gibt es im Paradies. Und alle nicht so schönen Sachen, die uns leider auch einfallen, gibt es nicht im Paradies. Dort gibt es keine Müdigkeit und keine Sorgen. Es gibt dort keine Prüfungsangst, kein Hausaufgabenstress oder die Angst, sich zu verspäten. Diejenigen, die ins Paradies eintreten, werden nicht krank, sodass sie im Bett liegen müssten; sie werden auch nicht alt und ihnen fallen deshalb die Zähne nicht aus, ihr Rücken wird nicht buckelig; ihnen wird auch nicht langweilig, sodass sie andere belästigen; sie werden auch nicht traurig und sie machen sich keine Sorgen, ob das Geld für diesen Monat reicht … Kurz gesagt, sie sind entspannt und voller Seelenruhe. Diejenigen, die nicht ins Paradies kommen, flehen Allah reumütig an, dass er ihnen eine letzte Chance gebe. Nun ist es aber zu spät.

Hört man das Wort Dschennet, malt sich in das Gesicht des Menschen ein Lächeln. Das Paradies ist ein so schöner Ort, dass, wenn wir etwas sehr Schönes bewundern, wir es mit dem Paradies vergleichen. Das Paradies ist so ein beruhigender Ort, dass wir sagen: „Hier bin ich im Paradies“, wenn unsere Seele an einem Ort Ruhe findet. Diejenigen, die ins Paradies kommen, sind so wundervolle Menschen, dass wir für gute Menschen den Satz „Sie gehören ins Paradies“ verwenden. Inschallah gehören wir auch zu ihnen. Amin.

Prophet

„Dann entsandte Allah die Propheten als Bringer froher Botschaft und als Warner."

(Koran: Sure 2/Baqara, Vers 213)

Prophet bedeutet „Bote". Die Propheten sind die Gesandten, die der ganzen Menschheit Allahs Botschaften überbringen. Da Allah sehr barmherzig ist, teilt Er den Menschen mit, was sie tun sollen, damit sie im Diesseits und im Jenseits Frieden finden und glücklich werden. Aus diesem Grund erwählte er unter den Menschen Gesandte, also Propheten. Von außen betrachtet sind die Propheten Menschen wie wir. Dass Allah sie als Seine Propheten auserwählt hat, macht sie besonders. Man kann nicht durch Fleiß, Enthaltsamkeit oder Gottesdienst zu einem Propheten werden.

Der erste Prophet und erste Mensch war Adam. Nach Adam haben Tausende von Propheten die Menschen zum Pfad Allahs gerufen. Unter ihnen werden nur fünfundzwanzig Propheten im Koran erwähnt; diese sind: Adam, Idris, Nuh (Noah), Hud, Salih, Ibrahim (Abraham), Isma'il (Ismael), Ishak (Is aak), Lut (Lot), Yakub (Jakob), Yusuf (Josef), Schuayb (Jitro), Musa (Moses), Harun (Aaron), Dawud (Dawid), Suleyman (Salomo), Idris (Henoch), Loqman, Zulkifl, Ilyas, Uzeyir, Eyyub (Hiob), Yunus (Jonas), Zekeriya (Zacharias), Yahya (Johannes), Isa (Jesus), Muhammed. Wir Muslime glauben an die Existenz und Wahrhaftigkeit aller Propheten. Deshalb machen wir kein Unterschied unter ihnen und lieben sie alle. Der letzte Prophet ist Muhammed. Nach ihm wird kein weiterer Prophet kommen. Nur die durch ihn verkündete Religion, der Islam, wird bis zum letzten Tag der Welt bei Allah gültig bleiben.

Ramadan

„Der Monat Ramadan ist es, in dem der Koran als Rechtleitung für die Menschen herabgesandt worden ist und als klarer Beweis der Rechtleitung und der Unterscheidung. Wer also von euch in dem Monat zugegen ist, der soll in ihm fasten.“

(Koran: Sure 2/Baqara, Vers 185)

Ramadan ist der gesegnete Monat, in dem der Koran herabgesandt wurde. Die Muslime verbringen diesen Monat tagsüber mit Fasten und nachts mit unterschiedlichen Gebeten. Dieser Monat ist auch als der „Monat des Korans“ bekannt. Denn in diesem Monat wurde der Koran offenbart und zudem lesen die Muslime dann viel im Koran oder hören bei Koran-Lesungen zu. Während der Offenbarung des Korans kam Gabriel jedes Mal im Monat Ramadan zu unserem Propheten und las die Koranverse, die bis dahin verkündet worden waren. Seitdem lassen die Muslime diesen schönen Moment unter sich erneut aufleben, indem sie im Ramadan den Koran gemeinsam komplett durchlesen (Muqabele). Außerdem lesen diejenigen, die den Koran lesen können, im Ramadan mindestens einmal den Koran komplett durch (Hatim). Ob mitten in der Nacht, bei Tagesanbruch oder vor dem Fastenbrechen – sie lesen unser edles Buch bei jeder Gelegenheit. Das war's schon? Natürlich nicht! Die Imame, die den Koran auswendig können (Hafiz), beten das Terawih-Gebet mit Hatim vor. Das dauert zwar ein bisschen lange, aber weil neben dem Terawih-Gebet noch das Hatim als Verdienst angerechnet wird, stürzen alle in die Moscheen. Gegen Ende des Monats Ramadan wird der göttliche Lohn für die gelesenen Hatims an die Seelen der Verstorbenen verschenkt und man spricht Hatim-Bittgebete aus. Während die Hände hochgehoben werden, danken wir unserem Herrn, Allah, von ganzem Herzen, dass wir erneut einen Ramadan gesund und munter mit Fasten und Gebeten verbringen durften. Nun sind wir bereit für das Ramadanfest.

Schifa (Heilung)
Name des Korans

„Wir senden im Koran Offenbarungen herab, die den Gläubigen Trost und Barmherzigkeit bringen."
(Koran: Sure 17/Isra, Vers 82)

Schifa ist einer der Namen des Korans. Wörtlich bedeutet Schifa „von Krankheiten genesen, gesund werden". Der erhabene Allah sagte, dass der Koran Schifa ist. Der Koran ist eine Genesung für Krankheiten wie Hochmut, Neid und Zweifel. Ihr wundert euch jetzt bestimmt, was das denn für Krankheiten sind. Ja, auch schlechte Eigenschaften sind Krankheiten. Diese schwächen den Menschen, ohne dass er das merkt. Der Koran ist auch eine Genesung für spirituelle bzw. innerliche Beschwerden. Das Lesen insbesondere der Suren Yasin, Fatiha, Ichlas, Felaq, Nas und Ayetul-Kursi beruhigt den Menschen in schwierigen Zeiten.

Darüber hinaus ist der Koran auch Schifa für die körperlichen Krankheiten. Jeder Vers, ja sogar jeder Buchstabe des Korans ist Schifa, egal welche Bedeutung er haben mag. Er wird mit der Erlaubnis Allahs Schifa für den Lesenden und für den, dem vorgelesen wird. Natürlich heißt das nicht, dass wir nicht zum Arzt gehen sollen, wenn wir krank sind, oder die Anweisungen des Arztes nicht befolgen sollen oder keine Medikamente einnehmen sollen. Als unser Prophet krank wurde, hat er sowohl den Koran gelesen als auch Behandlungen seiner Zeit beachtet und angewendet.

Man muss zuerst fest daran glauben, um sich Schifa vom Koran zu erhoffen. „Ich fange mal an zu lesen; vielleicht nützt es ja tatsächlich!" Mit dieser Einstellung läuft das ganz und gar nicht. Selbstverständlich sind der Koran und ärztliche Behandlungen, zum Beispiel Medikamente oder Operationen, alles Mittel, die man in Anspruch nehmen muss. Nur Allah ist es, der sowohl die Krankheit als auch die Genesung gibt. Er gibt Schifa, mit welchen Mitteln auch immer.

Sunna

„Wer dem Gesandten gehorcht, der hat (damit) Allah gehorcht."
(Koran: Sure 4/Nisa, Vers 80)

Sunna bezeichnet die Worte und Handlungen unseres Propheten, ebenso die Handlungen anderer Menschen, die der Prophet in Ordnung fand. Auch die Gottesdienste, die unser Prophet vollzogen hat und nicht verpflichtend (Fard) sind, nennt man Sunna. Die Sunna ist nach dem Koran die wichtigste Quelle unserer Religion.

Spricht man von Sunna, so fällt einem zunächst „die Sunna in den Ritualgebeten" ein. Klar sind diese auch Sunna, aber es gibt so viele Handlungen, die wir im Alltag machen, ohne zu wissen, dass diese auch Sunna sind. Wenn wir diese Handlungen vornehmen, erinnern wir uns daran, dass sie die Sunna unseres Propheten sind, und lieben sie daher umso mehr. Ihr fragt, welche Handlungen Sunna sind? Ganz einfach: Mit der rechten Hand zu essen, jemanden lächelnd zu grüßen, sich sauber zu kleiden, die Nägel zu schneiden, mit dem rechten Fuß das Haus zu betreten und zu verlassen, jede gute Tat mit der Besmele anzufangen, nach dem Niesen Elhamdulillah zu sagen, in reinem Zustand (mit Gebetswaschung) schlafen zu gehen, Allah für die Gaben zu danken, keine schlechten Ausdrücke zu verwenden, stets ein lächelndes Gesicht zu zeigen, niemanden zu beleidigen, Bekannte und Verwandte zu besuchen, von Verschwendung (Israf) fern zu bleiben, die Eltern gut zu behandeln, die Sünden zu bereuen, sich über niemanden lustig zu machen, von Sünden fern zu bleiben, seine Mitmenschen zu beschenken, und so weiter.

Sure

„Oder sagen sie: Er hat ihn ersonnen? Sag: So bringt eine gleiche Sure. Ruft zur Hilfe, wen ihr könnt, außer Allah, wenn ihr wahrhaftig seid.“

(Koran: Sure 107/Yunus, Vers 38)

Die Kapitel im Koran sind unterschiedlich lang. Ihr Anfang und Ende ist festgelegt. Die nennt man Sure. Insgesamt gibt es 114 Suren im Koran. Die erste Sure ist die Sure Fatiha. Die letzte Sure ist die Sure Nas. Wenn ihr euch die Seiten im Koran anschaut, seht ihr immer wieder rechteckige Rahmen. Dieses Zeichen markiert das Ende einer Sure und den Anfang einer neuen Sure. In diesem Rechteck stehen der Name und der Offenbarungsort der Sure. Nach dem Rechteck steht die Besmele. Jede Sure im Koran beginnt mit der Besmele, außer der 9. Sure Tewbe.

Die Suren verdanken ihre Namen hauptsächlich einem in der Sure vorkommenden Wort. Aus diesem Grund gibt es ungewöhnliche Surennamen, wie „Der Tisch“ (Maide), „Die Spinne“ (Ankebut) oder „Die Kuh“ (Baqara).

Die Suren haben unterschiedlich viele Verse. Die Sure Kewser, die kürzeste Sure im Koran, hat nur drei Verse. Die längste Sure aber, nämlich die Sure Baqara, hat 286 Verse. Das ist also fast das Hundertfache der Sure Kewser. Je mehr man sich dem Ende des Korans nähert, desto weniger Verse haben die Suren. Auf einer Seite können eins, zwei, drei, ja sogar vier Suren auf einmal stehen. Da das Auswendiglernen so kurzer Suren einfacher ist, sind sie die Lieblingsverse für Koranänfänger und für Leute, die sie auswendig lernen, um das Ritualgebet verrichten zu können. Wenn du eine Sure suchst, brauchst du nicht einzeln in den Seiten des riesengroßen Buchs nachzugucken. So wie in allen Büchern gibt es auch im Koran ein Inhaltsverzeichnis. Du kannst aus dem Verzeichnis, das auf den letzten Seiten steht, die Seitenzahl der gewünschten Sure finden. Also, ran an den Koran! Los geht's!

Tedschwid

Koranleseregeln

„(...) und trage den Koran vor, wie es sich gehört!“

(Koran: Sure 73/Muzzemmil, Vers 4)

Wörtlich bedeutet Tedschwid, etwas schön und gut zu machen. Im theologischen Sinn (im religiösen Sinn) ist es jedoch der Name der Wissenschaft, die die Regeln für das richtige und schöne Lesen des Korans lehrt. Ihr denkt vielleicht, ihr könnt den Koran schön vortragen, wenn ihr viel darin lest. Das viele Lesen sorgt aber bloß dafür, dass ihr schnell lesen könnt. Für schöneres Lesen braucht man unbedingt Tedschwid-Wissen.

Ihr fragt, was bei Tedschwid gelehrt wird? Wir fangen mit dem Erlernen der Buchstabenlaute an, weil das Arabische nicht unsere Muttersprache ist. Dann lernen wir, gemäß der arabischen Grammatik, wo wir die Buchstaben verlängern müssen (med), wo wir eine Pause machen müssen (waqf), wo wir die Laute aneinanderknüpfen müssen (idgham) oder an welchen Stellen wir die Luft anhalten müssen (sekte). Das ist aber noch nicht alles, was wir lernen müssen. Wenn wir alle Regeln hier aufschreiben würden, dann gäbe es in unserem Wörterbuch keinen Platz mehr für andere Wörter.

Sagen wir mal, wir haben das Koranlesen gelernt. Wo und und von wem lernen wir das Tedschwid? Eigentlich können wir uns das Tedschwid auch selbst beibringen. Es gibt gute anschauliche Tedschwid-Bücher. Gehört ihr zu denen, die sagen: „Ich verstehe nichts, wenn ich alleine lese. Wenn ich alleine bin, werde ich schnell müde und schlafe ein?“ Dann gibt es für euch eine schöne Alternative: Koranschulen. In den Koranschulen können wir sowohl das Koranlesen lernen als auch unseren Vortrag verbessern.

Tefsir
Koranerläuterung

„Wir haben dir den Koran herabgesandt, damit du den Menschen die ihnen zugedachte Offenbarung klar verkündest, auf dass sie nachdenken mögen.“
(Koran: Sure 16/Nahl, Vers 44)

Die Deutung und Auslegung der Koranverse nennt man Tefsir (Koranexegese). Jemanden, der sich damit beschäftigt, nennt man Mufessir. Unser edles Buch wurde herabgesandt, um verstanden und in die Tat umgesetzt zu werden. Da aber der Koran in einer anderen Zeit und Umgebung offenbart wurde, haben die Menschen Schwierigkeiten, einige Textstellen zu verstehen. Gerade deswegen benötigen wir eine Koranerläuterung (Tefsir). Wäre der Koran ohne weiteres ein für jedermann verständliches Buch, dann würde es Allah nicht einem Propheten offenbaren, damit er es erklärt. Unser Prophet hat die Koranverse den Menschen nicht nur mitgeteilt, sondern sie ihnen auch erklärt. Also war unser Prophet der erste Mufessir. Die Gefährten des Propheten (Sahabe) erzählten den Menschen das, was sie von unserem Propheten gelernt hatten. Wenn es einen Fall gab, in dem die Menschen unsicher waren, dann fragten sie sofort die Gefährten um Rat und erfuhren von ihnen, wie der Prophet in solchen Fällen gehandelt hat. Die Koranauslegungen der Mufessir übersetzte man auch in andere Sprachen.

Die Koranexegese (Tefsir) ist eine Wissenschaft. Nicht jeder kann den Koran auslegen und nicht jeder kann die Koranverse nach Lust und Laune deuten. Die Denkweisen der Menschen sind unterschiedlich. Jeder versteht das, was er liest, anders. Deshalb muss man sich in diesem Bereich ausbilden, um den Koran auslegen zu können. Viele Bedeutungen des Korans liegen nicht sichtbar an der Oberfläche, sondern in der Tiefe. Wie bei einem Eisberg, von dem das meiste im Meer verborgen liegt. Aus diesem Grund wurden zum Koran Tausende von Tefsir-Bändern geschrieben.

Terawih-Gebet mit Hatim

Prophet Muhammed (s) sagte: „Auch für das Lesen eines einzigen Buchstabens aus dem Koran wird ein Lohn bei Allah zugeschrieben. Jede gute Tat wird bei Allah mit dem Zehnfachen belohnt."

Das Terawih-Gebet (zusätzliches Gebet speziell im Ramadan, das nach dem Nachtgebet verrichtet wird) mit Hatim besteht aus zwei wichtigen Gottesdiensten: dem Hatim und dem Terawih-Gebet. Den Koran von Anfang bis Ende gelesen zu haben, nennt man Hatim. Das Gebet, das man während des Monats Ramadan nach dem Nachtgebet verrichtet, nennt man Terawih-Gebet. In diesem Fall bedeutet Terawih-Gebet mit Hatim das komplette Durchlesen des Korans während der Terawih-Gebete im Ramadan. Muslime, die den Monat Ramadan mit Gottesdiensten verbringen, bemühen sich darum, das Terawih-Gebet nicht zu versäumen. Das Terawih-Gebet wird in manchen Moscheen mit Hatim verrichtet. Die Vorbeter (Imame), die den ganzen Koran auswendig können, lesen bei jeder Gebetseinheit eine Koranseite. Da das Terawih-Gebet aus 20 Gebetseinheiten besteht, wird somit jede Nacht ein Kapitel des Korans gelesen. Da der Monat Ramadan 30 Tage hat, werden mit dem letzten Terawih-Gebet alle 30 Kapitel des Korans durchgelesen, also Hatim gemacht. Das Verrichten des Terawih-Gebets mit Hatim mag dem Menschen schwer erscheinen. Aber wenn man sieht, wie gekrümmte Opas, schwerlaufende Omas, Frauen und Männer, die bis zum Abend fastend auf der Arbeit oder zu Hause gearbeitet haben, ältere Schülerinnen und Schüler, die nach Hause laufen und so schnell wie möglich anfangen zu lernen, kleine Kinder, die, sich an den Händen ihrer Eltern festhaltend, in die Moschee kommen, sich dermaßen auf das Terawih-Gebet mit Hatim freuen, so weiß man, dass es nicht so schwer sein kann. Warum sollten sie sich denn nicht freuen? Ihnen wird göttlicher Lohn zugeschrieben, weil sie das Terawih-Gebet verrichten und zusätzlich weil sie es mit Hatim beten. Wie kann man solch eine Gelegenheit denn verpassen?

Tewrat
Thora

„Wahrlich, Wir hatten die Thora herabgesandt.“
(Koran: Sure 5/Maide, Vers 44)

Die Thora ist, genau wie der Koran, eines der vier großen heiligen Bücher. Der erhabene Allah offenbarte die Thora dem Propheten Moses. Sie ist die erste der Offenbarungsschriften.

Wie der Koran so erzählt auch die Thora viele Geschichten von früher. Sie enthalten auch ähnliche oder sogar dieselben Gebote. Im Koran wird sehr viel auf die Thora hingewiesen. Der Koran teilt uns immer wieder mit, dass auch die Thora vom erhabenen Allah offenbart worden ist. Allerdings steht auch, dass sie verändert wurde.

Die Thora wurde auf Hebräisch offenbart. Sie setzt sich aus fünf Büchern zusammen, die einander ergänzen. Die sehr alten, historischen Exemplare der Thora sind keine Bücher, sondern Schriftrollen. Ihr fragt, was eine Schriftrolle ist? Denkt doch mal an Bilder aus alten Zeiten. Wenn der König seinem Volk etwas bekanntzugeben hatte, dann stellten sich die Hofleute vor die versammelten Bürger und teilten die Nachricht des Königs mit, indem sie eine Schriftrolle aufrollten und sie vorlasen. Nun stellt euch so eine Schriftrolle viel dicker und horizontal vor. Genauso sieht eine Thorarolle aus.

Die Thora ist ein Buch, das sehr viel Unglück in seiner Geschichte erlebte. Wann immer die Menschen die Thora auf Papier übertragen wollten, hat irgendein König die Exemplare verbrennen lassen. Dann wurde sie noch einmal geschrieben und noch einmal verbrannt. Daher unterscheiden sich die späteren Exemplare ziemlich vom Original. Man wusste sogar nicht mehr, wie sie in ihrer ersten Form ausgeschaut haben mag. Mit der Offenbarung des Korans war das nicht so schlimm, weil der Koran die abschließende Offenbarung ist.

Tezhib-Kunst

Buchmalerei

„Der alles vollkommen gestaltete, was Er erschaffen hat."
(Koran: Sure 32/Sedschde, Vers 7)

Tezhib ist die Kunst der Verzierung. Es ist die Verzierung der Ränder handschriftlicher Werke mit Goldblatt und Farbe, vor allem aber wird sie bei Koranexemplaren eingesetzt. Die Männer, die sich mit dieser Kunst beschäftigen, nennt man Muzehhip, die Frauen Muzehhibe.

Tezhib wird meistens für die Verzierung der kalligraphischen Verse verwendet. Wenn ihr sehen wollt, wie Tezhib ausschaut, dann könnt ihr die Verzierungen betrachten, die um ein Kalligraphie-Bild angebracht sind, wenn ihr so ein Bild zu Hause habt. Oder ihr könnt die erste Seite des Korans aufschlagen und die Tezhib-Verzierungen um die Sure Fatiha und um den Anfang der Sure Baqara ansehen. Diese sind mit Blümchen, Pflanzen, Sternen und geometrischen Formen verziert. Dasselbe Motiv wird mehrmals auf der Seite benutzt.

Tezhib ist eine Kunstform, die sehr viel Geduld erfordert. Tezhib ist eine sehr mühsame Handarbeit. Derjenige, der sich mit Tezhib beschäftigt, verziert die Seite, ohne sich zu langweilen. So wie verschiedene Farbmittel für Tezhib verwendet werden, wird auch Gold benutzt. Tezhib bedeutet wörtlich „etwas vergolden". Vereinen sich die Verführung des Golds mit dem Feingefühl seines Meisters, kann der Mensch vom Betrachten der Seiten, die mit Tezhib geschmückt sind, nicht genug bekommen.

Der Koran ist das am meisten mit Tezhib verzierte Buch. Es werden vor allem die ersten zwei Seiten, die Anfänge und die Enden der Suren mit Tezhib geschmückt. Die Rosetten, die am Rand als Zeichen für einen Niederwerfungsvers (Sedschde-Vers) oder als Zeichen für den Anfang eines Kapitels dienen, sind ebenfalls ein Beispiel für die Tezhib-Kunst. Was gibt es denn Schöneres auf der Welt, als wenn die schönen Worte Allahs auf schön verzierten Seiten aufgeschrieben sind?

Vokalzeichen
Hareke

„Wir haben den Koran auf Arabisch herabgesandt."
(Koran: Sure 20/Ta-Ha, Vers 113)

Im arabischen Alphabet gibt es keine Vokale. Dafür gibt es Zeichen unter und über den Konsonanten, die dafür sorgen, dass diese mit Vokalen zusammen gelesen werden. Und genau diese Zeichen nennt man Hareke. Es gibt drei Arten von Hareke: Fetha (Türkisch: Üstün), Kesra (Türkisch: Esre) und Damme (Türkisch: Ötre). Fetha; ein waagerechter Strich, steht über dem Buchstaben und verleiht ihm den a- bzw. e-Laut. Kesra, ein wiederum waagerechter Strich, steht unterhalb des Buchstabens und gibt dem Buchstaben den i-Laut. Damme, die wie eine kleine Schleife aussieht und ebenfalls über dem Buchstaben steht, verleiht ihm den u-Laut. Da es im Arabischen den o-Laut nicht gibt, gibt es auch natürlich keinen Zeichen dafür.

Wenn ihr das Koranlesen gelernt habt, so denkt ja nicht, dass ihr schon Arabisch lesen könnt. Dann kann es vorkommen, dass einer euch einen arabischen Text zum Lesen vorzeigt. Dann erkennt ihr, dass im Text kein einziges Vokalzeichen vorhanden ist und überlegt euch, wie ihr ihn lesen könnt. Dass im ganzen Text Vokalzeichen vorhanden sind, ist nur im Koran der Fall. Diejenigen, die Arabisch lesen und schreiben können, brauchen keine Vokalzeichen. Es werden nur dann Zeichen verwendet, wenn es von der Bedeutung her Unklarheiten gibt. In der Zeit, in der der Koran von den Schreibern des Propheten aufgeschrieben wurde, hatte er noch keine Vokalzeichen. Da es in ihrer eigenen Sprache war, war das Koranlesen für die ersten Muslime nicht schwer. Und wenn sie mal an einer Stelle hängen blieben, konnten sie ja unseren Propheten fragen. Doch mit der Zeit verbreitete sich der Islam auch unter nicht-arabischsprachigen Gesellschaften. Zudem wurden auch in der arabischen Sprache Änderungen vorgenommen. Aus diesen Gründen wurden die sogenannten Hareke (Vokalzeichen) gesetzt, damit beim Lesen keine Fehler entstehen und die Lesenden sich nicht schwertun.

Wahy

Offenbarung

„Und vor dir entsandten wir nur Männer, denen wir Offenbarung gegeben haben."

(Koran: Sure 16/Nahl, Vers 43)

Die Botschaften Allahs an Seine Propheten nennt man Offenbarungen (Wahy). Also sind die Offenbarungen Gottes Worte. Allah hat diese Worte Seinen Propheten im Allgemeinen durch einen Engel namens Gabriel mitgeteilt; und die Propheten haben diese Worte an die Menschen weitergeleitet. Natürlich haben sie dabei den Worten Allahs weder ein Wort hinzugefügt, noch haben sie eines davon weggelassen. Als die an die Propheten übermittelten Offenbarungen zusammengefügt wurden, entstanden die Offenbarungsschriften. Unter diesen heiligen Büchern ist der Koran das einzige, das die Worte Allahs unverändert an uns übermittelt hat. Die anderen Bücher wurden mit der Zeit entweder verändert oder es wurden Texte, die keine Offenbarung sind, hinzugefügt.

Als unser Prophet 40 Jahre alt war, entfernte er sich, wie in der letzten Zeit oft, von den Menschen und sank in der Höhle Hira in tiefes Nachdenken. Gabriel kam zu ihm und brachte das erste Gebot „Lies!". 23 Jahre lang kamen die Offenbarungen in unterschiedlicher Weise. Der Prophet gab das, was ihm übermittelt wurde, an die Menschen weiter. Einige glaubten an ihn und boten ihre Hilfe an. Andere glaubten nicht und bereiteten ihm unterschiedliche Schwierigkeiten. Einige der Menschen, die unserem Propheten glaubten, schrieben diese Offenbarungen nieder. Als dann die geschriebenen Offenbarungen zusammengefügt wurden, entstand der Koran als Buch. Alle Verse im Koran sind die Worte Allahs. Nach dem Koran wurde keine weitere Offenbarung herabgesandt. Seid ihr neugierig auf das, was Allah gesagt hat, als Er die Menschheit durch Seinen Propheten Muhammed Mal ansprach? Jetzt wisst ihr wenigstens, wo ihr das erfahren könnt.

Zebur

Psalmen

„(...) und Wir haben David den Zabur (Psalmen) gegeben."

(Koran: Sure 20/Ta-Ha, Vers 14)

Wörtlich bedeutet Zebur „Buch", „Schrift" bzw. „Brief". Wenn ihr im türkischen Wörterbuch nachschaut, dann seht ihr, dass der Zebur genauso wie der Koran eines der von Allah offenbarten vier heiligen Bücher ist. Ihr findet das Wort auch im hebräischen Wörterbuch. Denn Zebur ist ein Buch, das auf Hebräisch offenbart wurde, und bedeutet „Schrift" bzw. „Buch" in dieser Sprache. Wenn ihr zu diesem Thema keine weiteren Fragen mehr habt, dann lasst uns weitermachen: Zebur ist eines der heiligen Bücher. Der erhabene Allah offenbarte den Zebur dem Propheten Dawid. Die Zebur-Verse wurden in Gedichtform geschrieben. Sie enthielten aber keine neue Religion und keine neuen Gebote, sondern wurden offenbart, um die Thora, die dem Propheten Moses offenbart wurde, zu bekräftigen. Zebur bestand vor allem aus moralischen Ratschlägen, also was man tun und lassen sollte. Das Original des Zebur wurde nicht bis in unsere Zeit überliefert. Es wird gesagt, dass ein Teil der Thora vielleicht der Zebur ist. Wie die Thora blieb aber natürlich auch dieser Teil nicht so, wie Allah ihn herabsandte, denn er wurde von den Menschen verändert.

Der erhabene Allah gab dem Propheten Dawid eine sehr schöne und deutliche Stimme. Deshalb sagen wir auch heute noch über Menschen, die eine schöne und tiefe Stimme haben, dass sie eine „Stimme wie Dawid" haben. Als Dawid den Zebur vorlas, lauschten ihm die Menschen, ja sogar wilde Tiere. Diejenigen, die die Worte Allahs mit Dawids schöner Stimme hörten, waren total begeistert. Die Teile des heutigen Zeburs werden weiterhin als Gebetshymnen in religiösen jüdischen Zeremonien gesungen.

Zeichen/Wunder

„Die Zeichen sind allein bei Allah."
(Koran: Sure 29/Ankebut, Vers 50)

Die außergewöhnlichen Ereignisse, die die Propheten mit dem Einverständnis Allahs als Beweis für ihre Prophetenschaft den ungläubigen Menschen zeigen, nennt man „Wunder". Nur durch wunderbare Vorfälle glaubt man an die Prophetenschaft eines Propheten. Damit irgendein Ereignis als Wunder zählen kann, muss es außergewöhnlich sein. Zum Beispiel können das Laufen auf einem Strick oder das Schlagen von neun Purzelbäumen hintereinander in der Luft keine Wunder sein. Na gut, ich gebe es ja zu: Beide sind schwierige Sachen, aber dennoch sind sie schließlich durch Üben erlernbar. Wären Wunder solche gewöhnlichen Sachen, würden alle Zirkusakrobaten vor Stolz prahlen.

Jeder Prophet hat ein oder mehrere Wunder vollbracht. Mit der Erlaubnis Allahs hat der Prophet Jesus Tote erweckt. Der Stab des Propheten Moses hat sich in eine große Schlange verwandelt. Das größte Wunder unseres Propheten Muhammed ist der Koran selbst. Denn obwohl unser Prophet weder lesen noch schreiben konnte, brachte er ein Buch hervor. Und zwar ist es so herausragend, dass es die Menschen in jeder Zeitepoche anspricht, seine Worte sind fehlerfrei, sein Inhalt ist atemberaubend. Es ist ein so besonderes Buch, dass kein Mensch ähnliche Sätze wie die Sätze im Koran zustande bringen kann. Außerdem ist der Koran mit Informationen über die Vorfälle früherer Menschen bis hin zu einigen zukünftigen Geschehnissen gefüllt, die ein Mensch nicht wissen und aussagen kann. Zudem ist er durch die Jahrhunderte ohne eine Veränderung seines Textes in die Gegenwart gelangt. Er ist ein Buch, das auch bis zum Jüngsten Tag unter dem Schutz Allahs höchstpersönlich unverändert bleiben wird. Ist dieses Buch denn kein Wunder?

Zikir

Gedenken an Allah

„Ich bin Allah. Es gibt keinen Gott außer mir, darum diene mir und verrichte das Gebet, um Meiner zu Gedenken."

(Koran: Sure 20/Ta-Ha, Vers 14)

Dhikr bedeutet wörtlich „gedenken" oder „sich erinnern". Als theologisch-religiöser Begriff bedeutet Zikr, „Allahs gedenken", „sich an Allah erinnern". Dieses geschieht, indem man Worte wie „Allah", „La ilahe illallah" (Es gibt kein Gott außer Allah), „Allahu ekber" (Allah ist groß), „Elhamdulillah" (Allah sei Dank) andauernd wiederholt und sie im Herzen befestigt. Zikr ist dafür da, dass man die Erhabenheit Allahs stets im Sinn hat, gedanklich immer bei Ihm ist, Allah nicht einmal für einen Augenblick aus dem Sinn verliert und dass man die Liebe zu Ihm in Worte fasst. Um Allahs zu gedenken, braucht man keine Gebetskette (Tespih) und muss nicht in einer Ecke sitzen. Wir können Allahs, der uns all diese Gaben geschenkt hat, jede Sekunde, überall und auf jede Art gedenken: beim Füttern der Kätzchen in unserem Garten, beim Klettern auf Baumspitzen, beim Kosten der leckeren Gerichte unserer Mama, beim Schwimmen im Freibad an einem heißen Sommertag ... Allahs Gebote befolgen; was er verboten hat, vermeiden; jede Tätigkeit mit dem Gedenken an Allah beginnen und die Besmele aussprechen – all das ist auch Zikr.

Zikr ist zugleich einer der Namen des Korans. Der Koran ist hauptsächlich das Zikr an unseren Herrn, Allah. Den Koran lernen, lehren, lesen, ihm lauschen, ihn schreiben, ja sogar den Koran anschauen, ist eine Art Zikr. Da der Koran das Wort Allahs ist, ist derjenige, der dem Koran nahesteht, auch Allah nahe. Wer ihn liest, erinnert sich an seinen Herrn, Allah. Wer ihn respektiert, zeigt auch Respekt gegenüber Allah. Wer den Koran liebt, der liebt auch Allah, und auch Allah liebt dann diesen Menschen.